Heredarás mi reino

Heredarás mi reino

Del derrumbe de Juan Carlos I
a la incertidumbre de Leonor:
el relato necesario para comprender
la crisis de la corona

David López Canales

Papel certificado por el Forest Stewardship Council®

Primera edición: enero de 2024

© 2024, David López Canales
© 2024, Penguin Random House Grupo Editorial, S. A. U.
Travessera de Gràcia, 47-49. 08021 Barcelona

Printed in Spain – Impreso en España

ISBN: 978-84-666-7799-8
Depósito legal: B-17.826-2023

Compuesto en Llibresimes, S. L.

Impreso en Rodesa
Villatuerta (Navarra)

BS 7 7 9 9 8

En este momento decisivo de mi vida afirmo solemnemente que todo mi tiempo y todas las acciones de mi voluntad estarán dirigidos a cumplir con mi deber.

Juan Carlos I,
Discurso de coronación,
22 de noviembre de 1975

Creo que el rey no es sino un hombre, como lo soy yo.

William Shakespeare, *Enrique V*

No puedo vestir de beige porque nadie sabría quién soy.

Isabel II

Índice

Prólogo

Todas las rupturas requieren su tiempo. Lo sabe bien quien ha tenido un desengaño amoroso, quien ha sido despedido del que consideraba un gran trabajo o quien ha sufrido la traición de un amigo. Tiempo y distancia para comprender los acontecimientos, antes de que todo se convierta en recuerdo y, por lo tanto, en un relato distorsionado de los hechos. Para saber qué pasó y por qué.

Sucede lo mismo con el rey Juan Carlos. No solamente con él: con la corona española. Con una familia hoy dramática, reducida al esqueleto más básico de los reyes, Felipe y Letizia, y sus hijas, Leonor y Sofía, pero con un pasado centenario, un frondoso (en todos los sentidos) árbol genealógico y un único objetivo vital: mantenerse en el trono.

Esta Historia, con mayúscula, tiene algo de cuento. Uno de reyes, príncipes y princesas, e incluso dragones, como en los juegos de tronos de la ficción. Dragones reales, con forma humana, e invisibles como fantasmas. Es la historia reciente de la monarquía en España y de un rey, Juan Carlos, que en una década cayó, cedió su corona y terminó marchándose, castigado, exiliado o harto del país en el que reinó durante cuarenta años. De una España de la que fue, más que un rey, un símbolo.

La caída de Juan Carlos, su final como rey, es también una ruptura. Esta historia es un cuento que se acaba. Pero también otro que continúa.

¿Hace ruido un rey al caer?

La primavera de 2012 el rey Juan Carlos se marchó a cazar un elefante a Botsuana y nada volvió a ser igual. Desde entonces ese elefante, como el dinosaurio del famoso microcuento de Augusto Monterroso, todavía está allí.

Episodios históricos, sin embargo, en momentos inciertos. Mientras el rey se desmoronaba el mundo entraba y salía de recesiones, una pandemia global nos encerraba en casa y en otros países proliferaban líderes mundiales al margen de la realidad o directamente contra esta. Como si los países fueran sectas. Personajes, como Donald Trump, capaces de recomendar a sus ciudadanos que se inyectaran desinfectantes para tratarse enfermedades.

En España la polarización crecía, la desafección alcanzaba su punto álgido, la corrupción dejaba de escandalizar y la incertidumbre, desde la laboral a la sentimental, de la económica a la política, se convertía en la norma-lidad de varias generaciones. Tiempos confusos. Con el coronavirus el calendario quedó congelado. Son años que parecen no haber existido. O no haber existido nada, por supuesto, más allá de la pandemia. Tiempos extraños aquellos en los que la caída de un rey apenas hace ruido.

¿Qué ruido hace un rey al caer?

Esta historia, con minúscula, la de la familia real, tiene también algo de película, de suspense, o de thriller, de acción con giros increíbles en su trama. Hay amor, sexo, dinero... Hay mucho dinero. Muchísimo. Ay, siempre, al final, es el dinero... También hay traiciones, amenazas, ambición... Y espías, princesas que no lo son, villanos, familias rotas y odios.

Hay un viejo rey, Juan Carlos, trágico, y dos nuevos reyes, Felipe y Letizia, que caminan sobre alfombras ro-jas que cubren cadáveres. Hay una princesa, Leonor, prote-gida como un Santo Grial. Ella es la gran esperanza de la familia. Su futuro.

Hay un álbum de fotos de la Familia Real de la revista *¡Hola!* que no era real. Hay una frase de Shakespeare que resume muy bien lo sucedido: «La corona ha devorado al que la lleva»; y otra que cuenta lo que sucede: «Inquieta yace la cabeza que lleva una corona».

Tiempo y distancia.

Una década en la que todo cambió. Pero todo sigue igual. Cayó un símbolo, el de Juan Carlos, se derribó una estatua, él mismo accionó el detonador, y se erigió otra, la de Felipe, el nuevo rey: un nuevo símbolo. El mismo, en realidad, porque encarna el simbolismo de la corona. Lleva siglos existiendo. Con Juan Carlos se adaptó y modernizó. Con Felipe se actualiza. Con Leonor, anhela la familia, se perfeccionará.

¿Qué contarán los libros de historia acerca del reino de Juan Carlos I? ¿Qué quedará en sus páginas de estos episodios de sus últimos años? ¿Qué sucedió realmente desde que el rey se cayó en Botsuana, al margen de las reacciones políticas y de los debates sobre modelos de Estado? ¿Si mañana desaparece la monarquía, cómo se explicará por qué lo hizo?

Este libro es un relato esencial de los episodios que desde aquella cacería de 2012 llevaron a la Casa Real a una espiral de acontecimientos tan sorprendentes como insólitos, de unos hechos que ningún guionista hubiera imaginado. Pero, en esta época de posverdad y desafección que vivimos, muchos de esos hechos han quedado olvidados, no han salido a la luz o han sido distorsionados. Unos hechos que, además, requieren de análisis: primero, conocer el qué, y después, comprender el porqué. La explicación necesaria para poder situarlos y comprenderlos en el contexto de sobreinformación y de extrema polarización política en que nos hallamos.

Todas las rupturas, y eso es algo que también se descubre con el tiempo, tienen consecuencias. Incluso cuando creemos que no es así. Por mucho que evitemos pensar en ello o que sintamos que ya pasó y que salimos indemnes. Todas requieren su duelo. Pero de los duelos se puede salir mejor o peor parado, e incluso no salir: se cronifican y se vuelven patológicos. La heredera Leonor es joven aún para saber todo eso, para aprenderlo y comprenderlo. Pero no para vivirlo.

1

QUE HABLA EL REY...

En Nepal los dioses viven. No es una cuestión de fe. En la plaza Durbar de Katmandú vive desde hace siglos una niña, la kumari, la llaman, reencarnación de una diosa del hinduismo. No es la única del país, pero sí la más venerada. Escogen a la niña cuando tiene entre dos y cuatro años tras superar un proceso de selección más exigente que un departamento de recursos humanos de Silicon Valley, y es diosa hasta que sufre una herida que la hace sangrar profusamente o, por lo general, hasta que tiene su primera menstruación. Esa sangre marca el momento en que la diosa reencarnada abandona el cuerpo de la elegida y comienza la búsqueda de la siguiente. La kumari, dicen, protege la ciudad. Vive en un templo de ladrillo rojo y minuciosa marquetería junto a la plaza Durbar. Cada día se asoma unos minutos a la ventana de su habitación. Aparece maquillada y vestida como si acudiera a la más extravagante de las bodas gitanas y, sin sonreír —lo tiene prohibido—, mira a los devotos y a los viajeros que aguardan en el patio interior. La kumari sólo puede pisar el suelo en su templo. Fuera, las pocas veces al año que sale para participar en algún festival religioso, es portada en alto como un paso de Semana Santa.

Las kumaris viven confinadas en ese templo hasta que dejan de ser diosas para volver a ser las niñas que en realidad nunca fueron. Dicen que ese es su momento más complicado: el paso de diosa a niña. Deben regresar a una realidad aún más inhóspita que para el resto de las niñas nepalíes. Aprender a caminar, porque apenas lo han hecho hasta ese momento; a hacer amigas; a relacionarse; a ser conscientes de que nunca más serán diosa, de que lo fueron, pero ya no importa. Perdida su condición de diosa, una kumari es una niña herida; un juguete roto.

La vi hace unos años, allí, en Katmandú, sin esperar verla. Paseaba por la plaza Durbar y accedí al patio interior del templo de la kumari sin saberlo. Media docena de personas aguardaban en silencio. Salió a la ventana cuando yo entraba. Aquella kumari dejaría pronto de ser diosa y objeto de reverencia. Pero aún era un símbolo. Pequeño en tamaño, pero de una gran fuerza estética. Apenas dos minutos después volvió a desaparecer en la oscuridad de su estancia. Nos había honrado con su presencia.

Cuando descubrí a la kumari, ya hacía un año y medio que el rey Juan Carlos había abdicado. Lo hizo en junio de 2014, tras casi cuarenta años de reinado, en plena resaca de la crisis económica y con una España saturada de casos de corrupción, incluido uno que implicó a su hija Cristina y a su yerno. Todas las rupturas, eso se aprende con los años, aunque no se quiera, requieren un periodo de duelo. Es necesario ese tiempo para procesarlas y comprenderlas. O, si no se comprenden, porque no siempre se hace, como también se acaba descubriendo, al menos para asumirlas. También esta. La salida del rey Juan Carlos era una ruptura, aunque entonces, y quizá aún ahora, no la viésemos así. A fin de cuentas, seguía siendo rey. O eso se dijo. Sin trono ya y sin palacio, porque el de la Zarzuela pasó a ser la oficina de los nuevos reyes, y estos se mudaron a los despachos de los anteriores. Rey emérito, lo llamaron. La Iglesia lo había puesto fácil sólo un año antes con el nombramiento del papa Francisco. Bastaba repetir la fórmula. Dos papas, dos reyes. Pero sin trono y sin palacio, aunque conserve el título, un rey deja de ser rey. Del mismo modo que la kumari cuando sangra pierde la divinidad.

Los símbolos se construyen, ya sea por capas, por piezas o por una combinación de ambas. Pero también se destruyen. Y con ellos sucede, como bien saben los expertos en comunicación, como con las reputaciones: se tarda años en consolidarlas, pero pueden destruirse en un día. También como la kumari. Un día despierta diosa, encerrada en un templo, pero diosa, sangra y al día siguiente amanece niña perdida. Y ya no vuelve a asomarse a la ventana.

Crecimos o envejecimos viendo al rey Juan Carlos

asomarse a la ventana todas las nochebuenas. Eso es un televisor: una ventana abierta a cada salón, a cada familia. Una ventana como la de la kumari, que observa a sus fieles y a los curiosos desde la altura de su primer piso, que mira, pero no ve, que honra a sus fieles con su presencia de diosa durante unos minutos fugaces al día. Pero no una ventana que da a la calle, un espacio público, tierra de todos y a la vez de nadie, sino al epicentro de las casas, a ese salón que ilumina el televisor, a ese lugar que es punto de encuentro y de convivencia de las familias, a la intimidad de un hogar y, por lo tanto, a su corazón. Los actores saben que la televisión proporciona una fama que no dan el cine ni el teatro. Cuando el actor aparece en esa pequeña pantalla, en esa reclusión de la casa, mientras se come, se cena o durante la sobremesa, es percibido como parte de la familia. Como alguien con quien se ha compartido ese espacio. Alguien a quien se conoce bien, aunque, por supuesto, eso no sea cierto. Es esa clase de fama que provoca que luego los paren por las calles o les pidan fotos o se dirijan a ellos hablándoles como si fueran viejos conocidos.

A esa ventana se asomó cada año Juan Carlos durante casi cuatro décadas. Antes lo había hecho Franco, pero en Nochevieja, para felicitar a los españoles el nuevo año. Cuando Juan Carlos empezó a reinar continuó la tradición, pero en Nochebuena, para marcar diferencias con el dictador que lo había elegido su sucesor. Puntual, a las nueve de la noche, en todas las cadenas de televisión. El único momento del año en que no había *zapping* que valiera. Ni siquiera cuando en España comenzaron a emitir las televisiones privadas a comienzos de los noventa: todas las cadenas transmitían su discurso de Navidad. Teníamos un rey porque estaba allí, anunciando que empezaba la Navidad, y era el único capaz de vencer al *zapping* y de establecer una tregua en todas las familias por la disputa del mando a distancia. Además, el rey Juan Carlos era quien, en apenas diez minutos de mensaje, condensando un sinfín de símbolos, con todas sus capas y sus piezas, establecía cuándo se cenaba en España. Y no estamos hablando de una cena cualquiera, sino de la que probablemente sea la cena más importante del año, tanto si te gustaba o eras de seguir la tradición como si no. Eso era lo de menos.

Hay una generación de españoles, la que creció en los ochenta, a la cual pertenezco, que lo hizo guardando unos minutos de silencio en Nochebuena. La mesa lista, el vino abierto, la cena terminando de hacerse en la cocina. El himno de España estaba a punto de sonar y el rey se asomaría a nuestra ventana de un momento a otro. Al rey se lo escuchaba en silencio. Para un niño, un rey sólo es un rey si lleva una corona y viste una capa de armiño, como en los cuentos, como en las películas. Ahora bien, aquel era un señor con traje sentado en una butaca, con una bandera y un belén de fondo. Pero hasta que ese señor no se despedía, deseándonos felices fiestas a todos, no se volvía a hablar. Y, sobre todo, hasta que ese señor no desaparecía de la ventana para volver a su palacio, como la kumari, no se empezaba a cenar. En mi casa, el hecho de verlo no suscitaba nada parecido a un sentimiento religioso. Tan sólo había interés por saber qué decía. Pero, para un niño, aquello encarnaba un gran poder. Aquel señor no llevaba capa ni corona, pero era capaz de aparecer en todas las cadenas de televisión al mismo tiempo y de decidir cuándo nos sentábamos por fin a la mesa para cenar. Y eso transmitía mucho más poder que una corona, pues esta no deja de ser un complemento, ya por entonces devaluado: hasta las mises lucían una.

Pasaban los años, nos íbamos haciendo mayores y el rey seguía asomándose a las casas, pero, según fue avanzando el tiempo, empecé a guardar silencio sin que me lo exigieran. Ya no se trataba simplemente de que apareciera y hablase, sino de lo que decía. El suyo no era un mero mensaje de Navidad. Era como si aquel fuera el único día que el rey hablaba, o, mejor dicho, que se dignaba hacerlo, descendiendo de una atalaya de gurú, como en la escena de una película de aventuras y fantasía, para pronunciar sus sabias palabras. Al menos eso creíamos. O eso se nos hizo creer. O puede que, al comienzo de su reinado, durante aquellos años convulsos e inciertos, fuera así realmente, pero no después. Con el paso del tiempo descubrí que aquellos mensajes de Navidad eran previsibles, asépticos y bienintencionados. Casi siempre iguales.

En mi casa no se hablaba del rey, pero lo escuchábamos en Nochebuena. Tampoco se comentaba después el discurso. Del sofá y el televisor se pasaba a la mesa y a la comida, y el rey, según sus propias palabas —aunque el mensaje había sido pregrabado y, como también supe más tarde, revisado y aprobado por el Gobierno—, hacía otro tanto en su palacio con la familia real. Entonces yo me imaginaba la escena: al rey presidiendo, por supuesto, la mesa, quién si no, en un salón del palacio, y la reina —yo la veía a su lado, no en el extremo opuesto—, el príncipe y las infantas, y luego los maridos de las infantas ocupando las sillas correspondientes. Allí debía de haber más gente, quizá las hermanas del rey o sus sobrinos, pero a esos no me los imaginaba. A los mayordomos sí, vestidos como tales, esperando a servir la comida cuando la reina —en mi imaginación era ella quien lo decidía— les hiciera un gesto. También me imaginaba al rey sentado más en un trono que en una silla, presidiendo satisfecho su cena como si presidiera las de todas las casas del país.

Cuando empecé a guardar silencio por iniciativa propia, para prestar atención a sus discursos, fue también cuando comencé a leer sobre él. Aquellos textos terminaron de formar, capa a capa, pieza a pieza, la imagen que tenía del rey allá por los años noventa. Leí sobre el viaje que hizo a España con diez años, desde Portugal, en un tren en blanco y negro que lo trasladaba a su destino, y aquella imagen me resultó poderosa. Un niño camino de cumplir un destino que parecía ser sagrado, tal como sostenían sus antecesores en España y en otros tronos del mundo. Leí sobre un país en el que, decían, no había monárquicos, sino juancarlistas; un país que no creía —o ya no sabía si creía— en reyes, pero en cambio, como creer es querer, y eso es algo que no sólo sucede con la monarquía, sí creía en ese rey. Leí sobre la Transición, sobre cómo se había pasado de una dictadura a una democracia, según ponía en los libros, de forma ejemplar, sin violencia, con el rey, afirmaban, planeándolo y dirigiéndolo todo. Un rey, destacaban, que pudo ser un dictador, otro déspota, un monarca absoluto, pero que decidió despojarse de todo poder para ser el rey de la democracia.

En esos libros también leí que un rey no puede tener amigos, porque entonces corre el peligro de que lo quieran no como amigo, sino como rey, y de que quien se le acerque no busque amistad sino beneficio. El rey sabía que eran riesgos que no podía correr, y por eso no podía tener amistades. Leía sobre cómo el rey había desbaratado el golpe de Estado, quitándose la ropa de deporte, poniéndose su traje de militar y ordenando, como había hecho Antonio Tejero, el teniente coronel de la Guardia Civil que lideró el asalto, que se quedaran todos quietos, pero esta vez la orden no iba destinada a los sobrecogidos diputados del Congreso, sino a los generales en los cuarteles. Leía todo aquello y pensaba recurrentemente en aquel niño de rizos rubios de las fotos en blanco y negro que había llegado en tren para cumplir su destino.

El destino es un concepto muy rotundo. Es algo que, por lo general, aunque lo tengamos, ni siquiera sabemos que está ahí. Algo sólo al alcance de escogidos. Es casi una figura literaria. Ese destino estaba detrás de todo lo que leía, y mi imaginario siempre regresaba a aquella idea. El destino del cambio y la salvación de España tras la muerte de Franco; el destino del rey enfrentándose a los militares como si fueran dragones; el destino del rey condenado —la fatalidad añade grandeza, porque acentúa la excepcionalidad del personaje— a la soledad, a no tener amigos, a sufrir como rey porque como rey lo primero era cumplir su destino.

Con aquellas lecturas, cada nueva Nochebuena ya no era un señor con traje y sin corona quien se asomaba a la ventana de casa, sino un rey que no necesitaba complementos porque poseía la más poderosa de las capas: el destino. Lo que no sabía yo era que entonces, justo entonces, cuando leía aquellos libros sobre el rey y veía al rey que había en él, Juan Carlos estaba dejando de serlo. Hacía, literalmente, lo que le daba la gana. Dejaba de ser rey para ser también hombre. Pero seguía aparentando su papel. Quizá sólo bastaba con aparentarlo. Pero eso no lo logra uno solo. Necesita rodearse de un séquito. Del mismo modo que la kumari, en Nepal, cuando abandona el templo requiere porteadores para no pisar el suelo y devotos que se acerquen a admirarla como la diosa que creen que es. Personas, en el caso del rey, que disimulen. Para que uno pueda aparentar, siempre debe haber otro que conozca la verdad y que disimule. Como en los timos: el mérito no es del timador, sino de la pareja que hace de gancho para que pique el primo. Es un juego de trileros: ¿dónde está la bolita?, ¿dónde está la bolita? Y la bolita parece que está, pero no está.

Probablemente eso fue lo que sucedió con el rey Juan Carlos.

Juan Carlos era rey, y para ser rey hay que ser símbolo. Comenzó su reinado uniendo las dos Españas de la Guerra Civil, de la posguerra y del franquismo. Pero despertaba desconfianza. Para unos era el heredero de Franco, y representaba el regreso de la monarquía abolida en las elecciones de 1931. Para otros, un indigno heredero de Franco, el hombre que estaba traicionando los planes y el sistema de su caudillo. Ser un símbolo significaba lo contrario. Juan Carlos debía ser rey porque había que creer en él, era necesario hacerlo. Tenía que ser un símbolo concebido para las dos Españas. Un símbolo que, además, fuera reconocido en el exterior. Y que funcionara. Esa era la clave. Casi una cuestión de fe. Creer para ver.

Yo lo vi en aquellos mensajes de Navidad que empecé a escuchar en silencio. El rey hablaba y había que guardar silencio para escucharlo. Parecía que sus palabras encerraran una verdad revelada, la señal que indicaba el norte de los mapas o, simplemente, nos aliviasen porque nos decían que todo estaba bien, o que no lo estaba, pero lo superaríamos. A veces sólo necesitamos eso: que nos digan que todo está bien, aunque no lo esté, o que nos comprenden, aunque no sea cierto. Es un placebo, un falso consuelo, pero funciona. Alivia y nos hace sentir menos solos.

Pero no era tanto por lo que él decía, sino por lo que

al día siguiente periódicos y políticos contaban de lo que él había dicho. Daba la impresión de que en los mensajes del rey lo fundamental no estaba en lo que decía, sino en cómo lo hacía y en lo que podía leerse entre líneas. Dijera lo que dijese, todos, periódicos y políticos, lo alababan como si la mayor de las obviedades revelara la mayor de las verdades, y como si nadie se hubiera dado cuenta hasta entonces. Al rey no se lo criticaba. Era el único que se salvaba del debate político. Estaba por encima y, en consecuencia, fuera de dicho debate. Sólo lo hacían los partidos nacionalistas. Pero eso resultaba bueno: todo gran poder requiere de algunas dosis de crítica para no parecer irreal y tiránico. El rey era un símbolo y por lo tanto sus acciones, o sus palabras, también debían serlo.

Y lo fueron: al comienzo de su reinado. La Nochebuena de 1981, diez meses después del fallido golpe de Estado, el rey decía, asomándose a la ventana de la televisión, y al quicio de la puerta de las radios, que no había más alternativa válida que la Constitución, y que no cabía pensar en otras soluciones impuestas por las minorías. «Todos hemos de mirar hacia delante con decisión y con esperanza, con espíritu de concordia y de unidad», añadía. Por aquel entonces, Juan Carlos era un rey en el que se quería y se necesitaba creer. Era el rey, repetían constantemente, de todos los españoles. La única, así se explicaba, así se interpretaba, así continuó haciéndose, alternativa posible. Por eso, como aprendí unos años más tarde, cuando me hice periodista, el monarca recibía un trato privilegiado por parte de la prensa incluso en la forma. Su título se escribía con mayúscula, el Rey, y nunca se lo nombraba por su apellido, como sí se hacía con los políticos, sino como don Juan Carlos. En el libro de estilo de *El País*, una referencia para la profesión, se especifica que a la hora de redactar un texto hay que suprimir todos los tratamientos honoríficos, como «don» o «señor», pero deben mantenerse excepcionalmente en el caso de la familia real española. El rey era el único don de los periódicos.

El año 1994 fue un año de corrupción en España. Numerosos casos acaparaban las noticias, y Juan Carlos aparecía en la televisión diciendo que «la ley es igual para todos, tanto si se ejercen actividades privadas como públicas, pero existen unos deberes inexcusables de ejemplaridad para quienes tienen responsabilidades públicas». Al día siguiente los periódicos destacaban que el rey había reclamado ética y ejemplaridad, y algunos partidos valoraban como extraordinario el discurso por esa llamada de atención y esa orden encubierta que había dado. Como si sus palabras marcaran un antes y un después en los casos de corrupción. Como si él en persona fuera a condenar a los sospechosos. Como si pudiera hacer algo al respecto.

La distancia del tiempo y de los acontecimientos hacen hoy más llamativas sus palabras. Como ya sabemos, aquella ética y ejemplaridad que reclamaba en su discurso no las representaba él. Pero eso no se sabía, o quienes lo sabían lo disimulaban, porque lo importante no es que fuera rey, sino que lo aparentara o que fuera el rey que quisiera ser mientras otros construían el símbolo que debía ser.

Pasaron los años, y los mensajes y las referencias fueron cada vez más leves, mucho menos sutiles, o incluso inexistentes, pero la opinión pública siguió reaccionando a aquellas palabras como si fueran verdades incuestionables, y los discursos se aplaudían como piezas magistrales o reveladoras. En 2003 el príncipe Felipe anunció su compromiso con Letizia Ortiz y en el discurso de aquellas Navidades el rey afirmó que la noticia era motivo de gran alegría, así lo dijo, desde el punto de vista familiar e institucional, cuando después hemos sabido que trató de boicotear la relación. Dos años después nacía Leonor, la futura heredera de la corona, y su abuelo nos confesó su felicidad como monarca porque con ella «se ampliaba y garantizaba la continuidad de la sucesión». Para el rey la continuidad era sólo una cuestión biológica que dependía de su familia y no lo ocultaba. Los españoles no tenían nada que decir al respecto.

El de 2011 fue uno de sus mensajes más esperados. Hacía sólo unos días que su yerno, Iñaki Urdangarín, había sido acusado de corrupción, y lo resolvió, como había hecho en 1994 —aunque entonces los casos de corrupción no eran un torpedo en su línea de flotación como ahora—, recordando otra vez que la justicia era igual para todos. No había una referencia directa a Urdangarín. No había ninguna explicación. No había siquiera una promesa de cambio, y eso que prometer es fácil, no es vinculante judicialmente. Pero también se aplaudió la reacción. El rey había estado, corearon los políticos, donde tenía que estar. En aquel mensaje confesó también el dolor personal que le provocaba el elevado número de desempleados y el desprestigio de las instituciones. El país atravesaba lo peor de la recesión económica. Tres meses y medio más tarde, con España a punto de ser intervenida económicamente, se marchaba a una cacería de lujo en Botsuana con su amante.

Aquel año, 2012, el rey apareció por primera y única vez dando su discurso de pie, apoyado en el escritorio de su despacho. El accidente de Botsuana y la polémica posterior, sumados a los repetidos pasos por el quirófano, habían dejado magullados su físico y su reputación. Entonces, en palacio decidieron que había que mostrar a un rey regio, pero no sentado en un trono, sino de pie. A un rey que era, como decían entonces sus portavoces, «mucho rey», y que estaba, por si alguien lo dudaba —y ya eran muchos quienes lo hacían—, en plenas facultades. Un rey frágil no es un buen símbolo de poder. Por eso lo exhibieron de pie. No hubo en el mensaje, sin embargo, referencia alguna a lo que había sucedido. «Es hora —dijo, en lo que podía ser la única alusión velada, de nuevo había que leer entre líneas— de que todos miremos hacia delante y hagamos lo posible por cerrar las heridas abiertas». Junto con aquel elefante abatido en Botsuana no sólo había caído el animal. También el rey lo había hecho. Aún se desconocían las insólitas y graves consecuencias que el incidente tendría. Pero desde la célebre cacería, como sucede con el dinosaurio del cuento, cada día, cuando Juan Carlos se despierta, el elefante sigue allí.

Al año siguiente imputaron a su hija Cristina en el caso de corrupción de Urdangarín, y tampoco hubo una alusión directa. «Asumo —anunció Juan Carlos— las exigencias de ejemplaridad y transparencia que hoy reclama la sociedad». De nuevo, visto con la perspectiva del tiempo, aunque ahora la distancia sea menor que cuando hizo la anterior alusión en 1994, si interpretamos sus palabras —porque eso se supone que hay que hacer, interpretar hasta dar con aquello que en realidad no existe—, da la impresión de que hasta entonces el rey no había asumido esas exigencias. Y si abundamos en la interpretación, al parecer las asumió porque no eran más que eso, exigencias, y no los deberes inexcusables de veinte años atrás. Tal vez el rey ya se había olvidado de ser rey, o de cómo aparentarlo eficazmente.

Cuando un rey deja de ser rey se convierte en hombre. Ya lo era antes. Es evidente. Pero el simbolismo necesario obliga a olvidarlo. Un rey debe ser rey antes que hombre, y hacer creer que nunca fue hombre. No se podía saber que cuando un rey deja de serlo, es un hombre, porque debía ser rey. No se trata de un juego de palabras. Así se han construido los reyes a lo largo de la historia. Eran hombres. Mejores o peores. Sabios o bobos. Elevados o zafios. Justos o crueles. Equilibrados o depravados. Pero hombres. Todos hombres. La historia nos muestra, además, que muchos de ellos fueron hombres vulgares. Por eso no conviene ser consciente de que bajo la matrioska del rey está la figura de un hombre. O por eso interesa olvidarlo. Aquellas Navidades en las que el rey entraba en los salones de las casas, era el rey y parecía un rey y hablaba como un rey, y cuando no era así, el coro de fieles, de creyentes o de interesados a su alrededor completaban las frases, abrillantaban la figura, la apuntalaban y engrandecían.

Era un rey con una familia real idílica, niños rubios, una señora entregada a su papel de reina y de madre, un señor capaz de jugar con los niños en los jardines de palacio o de enseñarle a un príncipe heredero, cuando aún era un crío, cómo frustrar un golpe de Estado. Crecieron los niños y los señores, los reyes, pero se mantuvo la imagen con fotos de una familia unida y feliz que salía de las estancias de palacio para dejarse fotografiar y que, además, a diferencia de la kumari, pisaba la calle con sus propios pies, sin palanquín.

Pero no bastaba con que hubiera súbditos, o interesados, dispuestos a abrillantar las estatuas de los reyes. Sus efigies se fueron agrietando por dentro hasta que se cuarteó esa primera capa, la idílica, la de monarquía de la revista *¡Hola!*, dejando a la vista lo que había debajo, la realidad oculta, una corona trágica. Peor aún: en muchas ocasiones tragicómica. Un símbolo puede ser trágico. Juan Carlos lo era. El niño perdido, como la kumari, enviado a España por su padre para que lo criase un dictador y hallar así su destino. El rey recién coronado que se enfrenta a las sombras para ir hacia la luz. Pero no puede ser cómico. Entonces el rey se convierte no en hombre, sino en bufón. La majestad se desvanece y queda el hombre grotesco. Nadie respeta aquello de lo que se ríe. Nadie cree en nada que le provoque risa.

Eso fue lo que sucedió. Ya estaba en todos aquellos mensajes navideños. Pero no en la escenografía con la que se construyeron, ni en las palabras que el rey pronunciaba. Tampoco en las alabanzas ni en las interpretaciones que se hacían de sus palabras para demostrar que eran necesarias y relevantes. Estaba al otro lado, en las casas, en esos salones en los que entraba para anunciar la Nochebuena, cuando sabía que todos los ciudadanos se encontraban reunidos, atentos al televisor, a punto de cenar.

En 1993 España parecía un milagro y el rey alcanzaba su máximo esplendor. El pulido era impecable, aunque él ya estaba desatado como hombre y empezaba a olvidar que antes que hombre debía ser rey. Aquel año, más de diez millones de espectadores vieron su discurso de Nochebuena por televisión.

A partir de ahí fue cayendo la audiencia durante veinte años hasta los seis millones y medio de 2013, casi cuatro millones menos. Había perdido más de un tercio de la audiencia, aunque la población del país había aumentado en siete millones. Fue su último discurso de Navidad. Abdicó a mediados del año siguiente, y ya fue su hijo Felipe, recién estrenado como rey, quien repitió la fórmula y tomó el relevo: que parezca que algo cambia, pero sin hacerlo; que todo siga igual, pero diferente.

Sin embargo, algo había cambiado. No únicamente el rey, por supuesto. También en las casas. Era la primera alocución navideña del nuevo rey. Pero ya no había el mismo interés por verlo. La audiencia superó los ocho millones, pero se quedó muy lejos de aquellos más de diez de su padre veinte años antes. Y aún empeoraría. Dos años después, en 2016, obtuvo el registro de audiencia más bajo de todos los discursos: lo vieron menos de seis millones de personas. El rey Felipe debía ser un símbolo, pero no bastaba. Se confirmó cuatro años después, en 2020, el año de la pandemia. No sólo era el año de la pandemia. También fue el año que Felipe castigó públicamente a su padre, confirmando así las sospechas sobre los negocios secretos urdidos por Juan Carlos durante décadas. La constatación, desde palacio, de que cuando el rey hablaba de ética y de ejemplaridad eran palabras y no hechos. Aquel año, Juan Carlos se mudó a Abu Dhabi. Huyó de España, o se exilió, o se autoexilió, o se trasladó, o viajó... El término que se emplee es lo de menos. Se fue. Aquella Nochebuena, más de diez millones y medio de personas —muchas más que en todos los años anteriores—, se pusieron frente al televisor para escuchar a Felipe.

Al nuevo rey, como al anterior, también había que leerlo entre líneas; también era necesario completarle los puntos suspensivos. Recuperó parte de su discurso de proclamación como rey ante las Cortes en 2014, cuando se refirió «a los principios morales y éticos que los ciudadanos reclaman de nuestras conductas. Unos principios que nos obligan a todos sin excepciones; y que están por encima de cualquier consideración, de la naturaleza que sea, incluso de las personales o familiares».

Hablaba, por supuesto, de lo que había sucedido en su casa, del castigo impuesto a su padre, de la investigación que ya se había abierto en Suiza contra él, del regalo de 100 millones de dólares que Juan Carlos había recibido de Arabia Saudí y que él había transferido, a su vez, a su amante Corinna Larsen. Hablaba de la mudanza a Abu Dhabi. Hablaba de las viscosas sospechas que se extendían sobre las alfombras de palacio y que ya no podían esconderse debajo. Hablaba sin referirse a todo eso directamente, sin dar nombres, sin prometer acciones. Hablaba como su padre lo había hecho.

El discurso del rey se escucha hoy en día sin esperar las grandes revelaciones que antes tampoco existían, pero que se buscaban, que se querían ver o en cuya existencia se necesitaba creer, aunque no aparecieran por ninguna parte. Ahora, quienes lo ven lo hacen con cierta desgana, como un espectáculo de magia que, conocido el truco, ha perdido la gracia. Resulta intrascendente. Es un mero trámite. Como sucedía con los discursos del padre, los del hijo se han quedado en una tradición: la alarma de reloj que anuncia cuándo es buen momento para empezar a cenar.

La realidad no estaba en el *¡Hola!*, sino en Shakespeare. No se puede separar al rey del hombre. Sólo simbólicamente. Hasta que el símbolo se derrumba. «¡Es un rey, un rey!», se reivindica a sí mismo Lear, en tercera persona, en *El Rey Lear*. Su bufón acaba de preguntarle si un loco es noble o plebeyo. Era el rey de los años ochenta y noventa, el de mi infancia, por el que me pedían silencio y al que quise escuchar yo sin que me lo pidieran, tratando de comprender qué era un rey y cómo era y por qué durante años me reclamaron ese silencio cuando él hablaba. «La corona ha devorado al que la lleva», clama el príncipe Enrique en *Enrique IV*. Era el rey que se asomaba, no ya a la ventana de los hogares cada Nochebuena, sino a sí mismo, bajo la capa de barniz con la que quiso, y logró, endurecerse y abrillantarse durante muchos años. El hombre que había tras el rey, o bajo el rey, o dentro del rey. El hombre, a fin de cuentas, que es todo rey, aunque en cuanto eso se sabe, se descubre el truco y desaparece la magia, que es la majestad en este cuento. Ya estaba todo ahí, un día al año, en aquellos discursos bienintencionados de cada Nochebuena. «Vuestro rey», se despedía Juan Carlos al finalizarlos en los años noventa. Vuestro rey. Quizá nos lo recordaba porque ya en aquellos días había dejado de ser nuestro rey, o incluso de ser rey.

2

El hombre de los billetes de 5.000

Cada año, un millón y medio de personas visitan el Palacio Real en Madrid. Si lo hacen los miércoles o los sábados por la mañana presencian, además, el cambio de guardia que se lleva a cabo en el patio principal. El primer miércoles de cada mes es el mejor día para verlo, porque no sólo hacen el cambio de guardia, sino que también tiene lugar el relevo solemne —como lo llaman— y decenas de guardias reales, a pie y a caballo, ejecutan durante una hora una ceremonia de exhibición, con cañones incluidos atronando en el patio, fuera del tiempo y de los mapas. Todos los cambios de guardia de las monarquías, da igual que sean en Buckingham o en el Palacio Real, se parecen. En realidad, para aquellos que no conozcan los uniformes ni los movimientos, sólo cambia el idioma en el que se dan las órdenes. Pero funciona. Tanto si gusta como si no, la ceremonia nos traslada a otra dimensión más profunda, a la de la historia y la repetición durante años, incluso siglos, y eso choca en nuestro globalizado mundo actual, cada día más estereotipado y efímero. Salvas de cañón, capas y alabardas hoy fotografiadas y grabadas una y otra vez por las cámaras de los teléfonos de los visitantes. Ahí, en el patio, con el cambio de guardia, están autorizados a hacerlo. Dentro del palacio, en cambio, sólo en algunas zonas.

Entre los espacios vetados a las cámaras figura el Salón del Trono. Dicen en Patrimonio Nacional, el organismo público estatal responsable de la gestión y protección de los bienes históricamente ligados a la corona, que ahí no se permiten las fotografías por su preservación. El Salón del Trono se considera la estancia más especial del edificio. En tiempos hipersaturados de imágenes y de likes, el trono, uno de los mayores emblemas de la monarquía, no puede ser compartido en las redes sociales. El trono, dicen, hay que cuidarlo, protegerlo, porque es de la familia real. Los bienes históricos que custodia Patrimonio Nacional, ligados a la corona, no son de la corona, sino de los españoles. Estos bienes públicos no pertenecen a la familia, sino al Estado. El trono, en realidad, no es de los Borbones, no es de Felipe VI en la actualidad ni lo fue de Juan Carlos I antes, ni lo será de Leonor, por mucho que lo digan, sino de Patrimonio Nacional, y por lo tanto de los españoles, y difundirlo podría contribuir a enaltecer o a engordar el simbolismo de una institución que requiere, sobre todo, mantener las formas para sobrevivir.

La monarquía es un concepto. Es intangible. Necesita símbolos para construir su narrativa. Sin armiño ni corona, un rey es un hombre. Sin ceremonia, no existe. Sin trono, una monarquía pierde grandeza. Olvida su historia en una época ya de por sí carente de Historia en mayúsculas. El trono, o los tronos, el del rey y el de la reina, son dos butacas de armazón dorado tapizadas de terciopelo rojo, asentadas sobre una plataforma con tres escalones. Desde allí los reyes, situados por encima del resto —la grandeza no sólo reside en el ADN, también en el sistema métrico y en la puesta en escena—, presiden las ceremonias públicas. En sus sitiales los reyes pueden ser entronizados, con la fuerza inherente a la palabra, o destronados, con la carga aún más rotunda del desahucio. Son lujosos. Delicados. Ampulosos. Únicos. Pero hoy en día han pasado a ser piezas de museo. Los reyes ya no se sientan en su trono, sino en sillas y butacas como las que usamos todos. Y su trono, sus tronos, han quedado relegados a esa habitación del palacio. Piezas de museo que ni siquiera pueden fotografiarse ni compartirse. En definitiva, que no se difunden.

La monarquía española tiene dos símbolos que sobresalen del resto, como destacan la Casa Real y Patrimonio Nacional, desde donde cuidan de ellos. Son la corona y el cetro. La corona perteneció a Carlos III. La realizó el platero Fernando Velasco en 1775. Mide 18,5 centímetros de diámetro, 39 de alto y está elaborada con plata fundida, cincelada y dorada. El cetro real, un bastón de 68 centímetros formado por tres cañones de plata dorada, era de Carlos II. No se sabe quién lo hizo ni de dónde salió. Se cree que pudo ser un regalo de un mandatario extranjero al monarca. Desde entonces ha pasado de un rey a otro como distintivo de su poder.

Un símbolo es la representación de una idea. La clave no está en su creación, sino en su aceptación. Para que un símbolo sea aceptado es necesario que se crea en él, en el concepto que representa, en la idea que se pretende que transmita. La sociedad debe hacerlo suyo y asimilarlo. Así, el símbolo se convierte en la idea y la visualiza. Los símbolos han existido a lo largo de toda la historia. Sin símbolos, las creencias religiosas, desde las de las tribus primitivas hasta las de las grandes religiones, no se hubieran extendido. Las naciones, sin bandera, sin himno, sin escudos de armas, probablemente no hubieran tenido herramientas para la exaltación ni excusas por qué luchar, qué defender o qué conquistar. Los símbolos identifican sentimientos. Son emoción pura más allá de la razón. Unen a unos, separan de otros y permiten sostener un discurso, un relato, hasta hacerlo propio de la sociedad. Pero los símbolos no dejan de ser artificiales. Son algo que unos deciden fabricar para trasladárselo al resto. Pueden ser un trampantojo o directamente una mentira, pero mientras la gente crea en ellos —de ahí la paradoja que encierran, de ahí su fragilidad y que necesiten ser ensalzados y reafirmados continuamente— serán reales y, en consecuencia, tendrán poder. Además, la clase de poder que emanan es mucho más fuerte que el poder convencional, porque no se sostiene en la verdad, sino en la fe. La creencia es más fuerte que la razón.

Por eso la monarquía necesita símbolos que la representen y justifiquen; que la sustenten y ensalcen. El objetivo final es que la perpetúen. La monarquía debe convertirse en símbolo en sí misma. Un rey sin símbolos es sólo un hombre. Antiguamente, los monarcas españoles ya eran representados de forma similar. Se repetía la iconografía para demostrar que, aunque cambiara el hombre, la corona y el poder que ostentaba permanecían inmutables. El destino estaba por encima del rey de turno. Eran retratados a caballo, con armadura, bastón de mando y toisón de oro al cuello. Sólo el rey podía lucir esa acumulación de complementos. Sólo una familia podía ser real y sólo un hombre, rey, porque no eran los hombres quienes lo habían decidido, sino Dios. Los hombres, como la cruz del catolicismo, simplemente habían dado forma a la majestuosidad.

Pero hoy en día un rey no puede ir a caballo ni portar espada o bastón de mando. Es una imagen antigua. Poderosa pero obsoleta. Los tiempos son otros. Ya lo eran cuando llegó Juan Carlos. Con él se fue a más. No se trataba de adornarlo con los complementos de siempre. Ya se sabía cuáles eran. Se habían ido repitiendo a lo largo de la Historia. Formaban parte del imaginario popular. Aunque no pudieran exhibirse. Hacía falta algo más. Ya no sólo se trataba de representar y ensalzar a la monarquía, sino a su persona. Convertirlo en símbolo por sí mismo, pero no ya de la monarquía, sino de todo un país. Todos los reyes encarnaron la representación de su país, sí. Pero no. Ahora se trataba de convertir en emblema de un país a un rey cuyo país podría no querer la monarquía. Iba más allá. Había que construir un símbolo con otros símbolos.

Sus antecesores en los distintos tronos habían recurrido a los mismos símbolos. No sólo los monarcas españoles. También los de otros países. La corona, el cetro y la espada son esos elementos comunes y repetidos. Pero Juan Carlos debía ser un monarca nuevo. Uno moderno, para una España que ansiaba ser moderna. Exhibió la corona en su coronación, tras la muerte de Franco. El día que pasó a formar parte de la historia al convertirse en rey. El cetro de poder es un complemento incómodo. ¿Dónde se guarda? ¿Con qué mano se sostiene? ¿Para qué sirve más allá de señalar al hombre que ostenta el poder? Resultaba innecesario. Ya era rey y se sabía, y enseguida hubo una Constitución que establecía que era el jefe del Estado. Sin poder real, pero con poder simbólico. Además, la Constitución consagró la unicidad. Juan Carlos, el rey, no era como el resto de los españoles, a pesar de que el propio texto señala que todos los españoles son iguales. Juan Carlos era inviolable. Lo decía, y sigue diciéndolo, el artículo 56: la persona del Rey es inviolable y no está sujeta a responsabilidad. Los autores de la Constitución, y los españoles que la votaron, lo convirtieron en un ser diferente. No se sabía entonces, era 1978, lo que pasaría cuarenta años más tarde por ese artículo.

Por supuesto, la espada tampoco servía ya de nada. Un rey cargado a diario con un sable resultaría estrafalario. La espada era un distintivo de poder militar, que era el que importó siempre. Hasta que dejó de ser así. Hoy en día el poder no sólo lo representa la fuerza militar, sino también la económica. Los países más ricos del mundo forman grupúsculos de poder y toma de decisiones, como el G-7. En la actualidad, la fuerza militar es un poder latente. Basta ver el equilibrio nuclear. La economía es poder efectivo.

Juan Carlos tenía corona, trono y cetro. Para que funcione, un símbolo debe repetirse, una y otra vez, hasta que cale y convenza, o cuando menos se acepte. Un rey moderno no debía llevar espada, que es un atributo de poder obsoleto, sino figurar donde se encuentra el poder real, el económico. ¿Cómo exhibir ese poder y además multiplicar exponencialmente su imagen? Llevando al rey a la economía. Poniendo su cara en el dinero.

Juan Carlos llegó a los billetes en 1979, sustituyendo a Carlos III en los de 5.000 pesetas. No era, por supuesto, el primer dirigente que aparecía. Desde hace más de dos mil años los emperadores quisieron ser retratados y multiplicados en las monedas. Dicen que Alejandro Magno fue el primero, o uno de los primeros. Tampoco Juan Carlos fue el primer Borbón. Curiosamente, ya apareció un antepasado suyo en las monedas en España antes de que empezaran a reinar oficialmente en España en 1700. Fue en el siglo XVI, casi siglo y medio antes de ser coronado Felipe V, el primer rey Borbón oficial, cuando el príncipe francés Antonio de Borbón se convirtió en rey de Navarra por su matrimonio con Juana de Albret y se inmortalizó como rey, coraza incluida, en las monedas.

Juan Carlos también estuvo en las monedas. Había que sustituir al dictador, además, en ellas. Pero no debía ser suficiente. Por eso llegó también a los billetes. Los de 5.000 pesetas eran los más valiosos que existían. En la España de entonces, cobrar más de 100.000 pesetas al mes era un privilegio; en la hostelería se pagaba la hora a 119 pesetas; un kilo de langostinos costaba 1.300 y uno de cordero, 790. «Para la Corona y para los demás órganos del Estado, todas las aspiraciones son legítimas, y todas deben, en beneficio de la comunidad, limitarse recíprocamente», aparecía escrito en el reverso del billete. Debajo, la firma del rey. En 1985 la vida en España se había encarecido, y se decidió crear un billete de 10.000 pesetas. España estaba ya en el umbral de entrada de la Comunidad Económica Europea, el despegue económico de los años previos se había frenado, pero el PIB per cápita seguía subiendo. El billete de 10.000 fue puesto en circulación dos años después. En una de sus caras aparece Juan Carlos. Pero en el reverso comparte protagonismo con el príncipe Felipe. Cuando los españoles empezaron a usarlo, ya hacía una década larga que Juan Carlos era rey, se había consolidado a lo largo de los primeros años ochenta como el símbolo que se pretendía y se precisaba que fuera, y empezaba a ser momento de hacer lo mismo con su hijo. Algún día el príncipe sería rey, y España no podía ser una monarquía de un solo rey.

En los billetes de Estados Unidos aparece escrito *In God we trust*, «En Dios confiamos». Es el lema del país desde mediados de los años cincuenta del siglo xx. Lo decidió Eisenhower. Hasta entonces había sido *e pluribus unum*, «de muchos, uno», que aludía a la creación del país con la independencia e integración de las trece colonias originarias. Con el cambio de lema se aprobó también que este se incluyera en los billetes. El dólar como icono del país. El billete como obra divina. No hay nada más poderoso que la presencia de Dios en los billetes. No hay debate posible. Ya no se trata de que exista o no exista. Lo hace porque está. ¿Qué sentiría Juan Carlos al ver su rostro en aquellos billetes de 5.000 pesetas, primero, y de 10.000 después?

Quienes lo conocen cuentan una historia repetida muchas veces: que Juan Carlos arrastra desde la infancia el trauma de haber sido pobre. En realidad, no lo era, pero, como siempre, como nos pasa a todos, la realidad, los hechos, no importan, sino cómo los procesemos. Su familia vivía en el exilio, en Portugal, apoyada por los monárquicos españoles que soñaban con la restauración de la corona en el país. No vivían mal. Tenían servicio, barcos, viajaban... De hecho, vivían mejor que la mayoría de los españoles, que salían adelante como podían, si es que lo hacían, en la posguerra y durante la larga dictadura de Franco.

Pero Juan Carlos creció sintiendo que era pobre, y a cada centímetro que crecía fue convenciéndose de que no quería serlo. Durante su adolescencia en España, adonde fue enviado por su padre para hacerse adulto al lado de Franco, porque algún día sería rey, y un rey español tenía que vivir en España y saber hablar español sin acento extranjero, siguió sintiendo esa pobreza, ahora bajo el control de Franco. Una vez que aceptó su destino, obra del dictador y no de Dios, como su sucesor, decidió que nunca más sería pobre. Incluso ya de mayor, ya como rey jubilado, Juan Carlos ha repetido a algunos amigos la misma idea: él ya fue pobre, y jamás volvería a serlo. Lo decía mostrando una herida abierta en su interior, el trauma. Aunque al mismo tiempo, como ahora sabemos, se dedicara a retirar fondos y a depositarlos en cuentas en el extranjero por valor de cientos de miles de euros.

Juan Carlos ya no era pobre, ni siquiera en su relato. Nunca lo sería. Pero seguía fiel a la decisión que tomó muchos años atrás, imposible decir en qué momento, sólo él puede saberlo, si es que realmente lo sabe, de que nunca más volvería a ser pobre. Tal vez cuando vio su imagen en los billetes, empezó a pensar que si salía en ellos era porque le pertenecían.

Juan Carlos se aprendió bien la lección de semiótica. La importancia del símbolo. La del símbolo moderno. Un rey sin espada, pero que aparece en los billetes. Un rey para un tiempo diferente. Y se desligó de la historia, de sus antepasados. Como en su retrato oficial no aparecía a caballo ni con armadura, sino de pie y con traje, en su corte ya no había nobles ni aristócratas, sino hombres de negocios y millonarios.

La nobleza en España no existe legalmente. Desde la promulgación de la Constitución de 1837, que declaró a todos los españoles iguales en derechos y deberes, se abolieron los privilegios asociados a la nobleza, sobre todo de exenciones fiscales y acceso a cargos oficiales. En la actualidad, el Estado se limita a administrar y a regular los títulos nobiliarios, pero no interviene. Sólo comprueba que los cambios de titular sean legales y que el título, previa presentación del decreto de concesión, sea auténtico. En España existen cerca de tres mil títulos en manos de algo más de dos mil personas. Los nobles lo son exclusivamente por un título que de nada sirve, más allá del prestigio que cada uno quiera darle o de la importancia personal y familiar que se le otorgue. En realidad, tampoco el título de rey, que es una construcción. Si se hubiera rodeado de nobles, como hacían los reyes antiguamente, Juan Carlos habría dado a los españoles —que debían percibirlo como un símbolo de modernidad— la imagen de una reliquia histórica. Una pieza de museo. Un símbolo obsoleto y, por lo tanto, prescindible.

En lugar de eso Juan Carlos siempre prefirió rodearse de hombres —porque prácticamente todos eran hombres— con dinero. Serían ejemplos para él, su aspiración, siguiendo el relato del niño pobre. Se suponía que el rey tenía el poder, pero su poder era meramente simbólico.

El rey depende del Gobierno y no tiene capacidad ejecutiva alguna. Tampoco legislativa ni judicial. El rey firma las leyes que se promulgan en el país, refrenda nombramientos, rubrica las decisiones que toman otros, pero lo suyo no deja de ser eso: una firma. No puede participar ni oponerse. Es un símbolo convertido a su vez en otro símbolo. Una construcción artificial, más endeble si cabe. Pero, a su vez, esa construcción le otorgaba poder. Un poder simbólico que, al ser aceptado y asumido por la mayoría, se convertía en poder real.

Pero no un poder traducible en dinero. El dinero, y el poder que este da, lo tenían esos hombres de los que se rodeó durante décadas, banqueros, herederos, empresarios que ambicionaban lo que ellos no tenían, su poder, la grandeza, la posibilidad de acercarse a él, porque él era el hombre más importante del país. El más importante, al menos simbólicamente. Esa fue la corte de Juan Carlos, y con ella descubrió, como descubriríamos nosotros años más tarde, que podía cumplir la promesa que se había hecho a sí mismo: no volver a ser pobre nunca más.

Juan Carlos aprovechó su poder, simbólico, de representación, para encabezar durante décadas delegaciones de empresarios españoles por todo el mundo, desde Latinoamérica a Oriente Medio o África, dispuestos a hacer negocios. Es el equivalente moderno de las antiguas batallas. Durante aquellos años, todos los empresarios ensalzaban al rey. También los políticos, sobre todo en los primeros años de reinado, cuando España salía del blanco y negro. El rey era, decían, el mejor embajador de España. Para los empresarios, desde luego que lo era. Pero todos iban más allá. Personificaba para ellos la garantía de la estabilidad del país, del orden y del progreso. Lo repitieron para que calara la idea y no solamente no se cuestionara, sino que, a fuerza de repetición, se hiciera real. La coreaban los empresarios más poderosos del país, que encarnaban las aspiraciones tanto de Juan Carlos como del conjunto de los españoles. Preferimos ser ricos antes que cultos. Valoramos en general más el dinero que el talento y nos creemos lo que dicen aquellos que poseen la riqueza o la capacidad de producirla. El talento ajeno puede provocar envidia, pero la riqueza suscita algo más fuerte: complejo de inferioridad.

Ahora, roto el velo del símbolo que personificó Juan Carlos —o tal vez sólo rasgado, porque sigue sin haber consenso a la hora de dimensionar la figura del viejo rey—, podemos acceder al andamiaje del símbolo. Es verdad que Juan Carlos fue, en su papel de rey, un gran embajador de España. Estaba por encima de los políticos, de los presidentes del Gobierno, que eran transitorios y partidistas, cada cual procurando por el suyo. Por encima en tiempo, duración y forma, sin sufrir el desgaste de la política, y eso hacía que se lo conociera y generalmente se lo apreciara en los países que visitaba. Incluso en aquellos donde podía resultar una figura históricamente incómoda, como Latinoamérica. Recuerdo que estando yo en Bolivia con Evo Morales, cuando aún era presidente, me confesó su simpatía por Juan Carlos, a diferencia, me dijo, del príncipe Felipe porque decía que lo miraba raro. Ese don de gentes, o esa simpatía, o esa campechanía, palabra que se empleó durante años para definir a Juan Carlos, abría puertas y atraía negocios. Todo parecía bueno. Al menos en teoría.

Lo que no se sabía entonces es que no sólo obtenían beneficios las empresas y los empresarios, sino que, al parecer, Juan Carlos también lo hacía con ellos. Y ni siquiera esto se sabe con seguridad, con la certeza que aportarían las pruebas y los hechos demostrados, porque las supuestas comisiones que cobró de tantos y tantos negocios durante años aún figuran, pese a todo, en la zona de sombras de lo intuido, pero no demostrado. Un secreto a voces no deja de ser un secreto. Aquellos que lo saben y lo pueden demostrar, todos esos empresarios que lo rodearon y por los que Juan Carlos se dejó querer, guardan silencio. Todos ganaban con el baile de disfraces que representaban. Pura *omertà*. No se muerde la mano que da de comer. Además, casi nunca nadie está dispuesto a autoinculparse por contar algo.

Todos ganaron, y por eso callaron todos. Incluso si no ganaron económicamente, guardaron silencio por el símbolo. El Partido Socialista, republicano en sus estatutos de fundación, gobernó de mediados de los años ochenta hasta mediados de los noventa. Fue la época en que Juan Carlos se desató. Lo sabían, pero no lo frenaron. Pudieron hacerlo. No quisieron. También optaron por callar.

Hasta que irrumpió Corinna Larsen, la amante que no era sólo amante, y nos mostró las bambalinas. Giró el escenario y dejamos de presenciar la función para ver lo que se escondía detrás. Como si viéramos las manos que mueven el guiñol. Como si después de visto un truco, alguien nos lo explicara, pero sin que el mago se enterase de que conocemos su secreto y este quisiera seguir repitiéndonos la misma argucia. Un mago que pierde su magia ya no es mago. La clave para un ilusionista es ser capaz de provocar el más complicado de los trucos: la ilusión.

¿Cuánto dinero posee el rey cuya cara aparecía en los billetes? ¿A cuánto asciende realmente la fortuna personal de Juan Carlos? Sólo él lo sabe. Ninguna de las estimaciones que se han hecho son ciertas. Esa es la única realidad. Se ha repetido durante años que la fortuna alcanzaba los 2.000 millones de dólares y se citaba la revista *Forbes*, la Biblia americana de los millonarios, con más de cien años de historia, como la fuente del dato. *Forbes* así lo publicó en 2003. Pero *Forbes* no había hecho una estimación profesional y rigurosa, sino que había copiado el dato de otra revista, *Eurobusiness*, que editaba el excéntrico Flavio Briatore, *playboy* italiano de la Fórmula Uno. Fue publicado un año antes, pero calcularon la fortuna del monarca como les dio literalmente la gana, porque también incluyeron bienes de Patrimonio Nacional. La revista cerró sólo dos años después. No era *Forbes*, ni nunca lo sería, por mucho que Briatore soñara con ello. Esta historia, o anécdota, es conocida, pero al parecer en ella la verdad es lo de menos. El dato de los 2.000 millones se ha seguido repitiendo durante años.

En 2012, una década después, el diario *The New York Times* hizo otra estimación. Fue cinco meses después de la cacería de Botsuana. El periódico norteamericano publicó una crónica de la crisis de la corona que fue portada de la edición internacional, que por entonces aún se llamaba *The International Herald Tribune*, con el título «Hints of a Royal crisis» (Pistas de una crisis real). Antes de que se publicara, aprovechando un viaje oficial a Estados Unidos, Juan Carlos en persona visitó la redacción del diario en Manhattan. No era una visita de las que se anuncian y fotografían, en las que las mesas de los redactores se ordenan previamente y durante las cuales los periodistas saludan al visitante mientras este conoce cómo funciona el periódico. Esta fue una visita privada. Y nada amistosa. Juan Carlos acudió, como antiguamente hacían los reyes que partían a las Cruzadas, a defender su país.

Desde palacio y desde el Gobierno se contó la visita como una iniciativa del rey en calidad de embajador de España. Acudía a dar una imagen del país distinta de la que pintaba la realidad económica y los efectos de la crisis. Pocos días antes, el periódico había publicado en su primera página una foto que mostraba a una persona en España buscando comida en un contenedor de basura con un titular que anunciaba que en España se pasaba hambre.

No era cierto. En España la crisis golpeó con dureza, pero la fotografía de portada no retrataba la realidad general del país. A lo largo de la historia los reyes habían luchado contra otros reyes y contra ejércitos enemigos. Ahora Juan Carlos estaba batallando contra la prima de riesgo. Una imagen negativa de España podía desembocar en una puntuación más baja de la economía española por las temidas agencias de calificación y complicar aún más la salida de la crisis. Los números hieren más que las espadas.

Pero tampoco era cierta la naturaleza de aquella iniciativa del rey. O al menos no lo eran sus supuestas buenas intenciones. Juan Carlos acudió en persona a la redacción de *The New York Times* para tratar de frenar el reportaje que preparaban sobre él. No lo logró. O al menos no del todo. El artículo, que fue publicado pocos días después, hablaba, por supuesto, de la caída en picado que Botsuana había supuesto para él, y no por el accidente, sino por haberse precipitado al vacío de la desconfianza y por su posterior desprestigio. También mencionaba las supuestas comisiones que el rey habría cobrado durante años de todos aquellos empresarios a los que había abierto las puertas en otros países. Y se atrevía a cuantificar su fortuna: 1.800 millones de dólares. No justificaba la cifra con ningún dato. Tampoco mencionaba a *Forbes*, fuente del pecado original. Simplemente lanzaba el dato. En España muchos medios de comunicación se hicieron eco de esa información, como se dice en el argot periodístico. Es decir, reprodujeron lo que había publicado el periódico americano y lo citaron como fuente fidedigna. Si lo decía *The New York Times* tenía que ser cierto. Y si no lo era, al tratarse de *The New York Times*, uno de los periódicos más famosos y prestigiosos del mundo, al menos lo parecía.

Pero lo cierto, se repetía como con el dato de *Forbes*, era que no había ninguna evidencia sólida de su veracidad. Aquella crónica, por mucho que se hablara de ella aquellos días por el efecto rebote que los medios españoles le dieron, no era fiable. No había una investigación periodística que la respaldara ni ningún dato revelador: basta releerla con un mínimo de ojo crítico. Se limitaba a repasar lo sucedido en Botsuana, a mencionar los rumores sobre las comisiones secretas del rey y a dar esa cifra que no salía de ningún lado, o al menos no se citaba su procedencia, y eso, en periodismo, en periodismo del bueno, que es lo que se espera de *The New York Times*, es lo mismo que salir de la nada.

La realidad, los hechos, porque frente a los símbolos —concepto y emoción— sólo caben los hechos, es que no se sabe a cuánto asciende la fortuna personal de Juan Carlos porque nadie conoce aquello que está oculto. Resulta absolutamente imposible calcularla. ¿Cuánto cobró, si lo hizo, en comisiones de negocios internacionales? ¿Si cobró de operaciones en el extranjero, también lo hizo en España? ¿A cuánto ascendieron? ¿Cuántos regalos, en forma de transferencias o de maletines, cuya existencia sí ha sido demostrada, recibió de dirigentes de otros países, sobre todo de Oriente Medio? ¿Cuánto dinero recibió de sus amigos, tal como habían hecho los amigos de su padre para mantener a la familia en el exilio portugués, cuando Juan Carlos se lamentaba de su pobreza? ¿A cuánto asciende el valor de los regalos que recibió y se apropió, de los cuales nunca se ha sabido nada, porque las cosas que pasaban en palacio se quedaban, y se quedan, en palacio? ¿Cuántos de esos regalos vendió para deshacerse de ellos y embolsarse el dinero? ¿Cuánto se gastó? ¿Cuánto invirtió? ¿Qué beneficios le reportaron esas inversiones? Sólo él lo sabe. Ni siquiera sus gestores —ahora también sabemos que tenía varios a su servicio—, probablemente, lo sepan. ¿Cómo calcular lo incalculable?

Sólo hay un dato que puede servir para hacer una estimación, aunque ni siquiera esta resulte precisa: el dinero que Juan Carlos ganó como rey. Pero es un cálculo que posee un valor meramente orientativo. Hasta 2011 no supimos qué sueldo percibía Juan Carlos. Aquel año, en diciembre, el caso Nóos, la investigación abierta a Urdangarín y su imputación por corrupto, dejó al descubierto una grieta en la corona. Fue entonces cuando la Casa Real quiso hacer un ejercicio de transparencia —así fue como se lo llamó: ejercicio— que casi resultó ser una práctica de prestidigitación. Por primera vez en la historia, fue desvelado el salario del rey: 292.752 euros.

Dando a conocer lo que ganaba el rey, aunque se hiciera en plena crisis económica, y su sueldo superase más de diez veces el salario medio de los españoles, la Casa Real demostraba que en la Zarzuela no había ni opacidad ni nada que esconder. Esa era la idea. Con los años se ha demostrado que el sueldo oficial no era la única fuente de ingresos con que contaba el rey. Hoy debería resultar desde tramposo, para los más benévolos, hasta insultante, para los más críticos, que se hiciera aquel ejercicio y se esperase conseguir de los jueces, los ciudadanos de España, la puntuación más alta en el concurso de transparencia.

El rey siguió percibiendo el mismo salario hasta 2014, cuando abdicó. Desde entonces y hasta 2020 Juan Carlos percibió algo menos, casi 200.000 euros anuales. El rey no siempre cobró ese salario. Pero tampoco podemos saber a cuánto ascendía antes de 2011. La Casa Real recibe cada año fondos del Estado que se administran, o se administraban, sin obligación de explicar en qué se empleaban o cuánto cobraba cada miembro de la familia.

Pongamos, por seguir con la estimación orientativa, que Juan Carlos cobrase una media de 200.000 euros brutos anuales durante cuarenta y cinco años, treinta y nueve como rey y seis como emérito. La estimación resultante no sólo es orientativa, sino extremadamente positiva. Esa cantidad, 200.000 euros, no es la misma hoy que hace treinta años. Jamás cobró esa suma durante las primeras décadas de su reinado, pero eso no importa. Es una estimación que sólo parte de los datos conocidos. Restados los impuestos, habría ganado cinco millones y medio de euros. Sólo teniendo en cuenta su salario oficial, resulta evidente que estaba muy lejos de ser pobre. Además, si nos atenemos a uno de los pocos datos conocidos y demostrados que existen, también cobró más de dos millones de euros de herencia tras la muerte de su padre, poseedor de una fortuna en Suiza que se repartieron sus tres hijos vivos: Juan Carlos, Pilar y Margarita. Más de seis millones de euros en total que demuestran —de nuevo la realidad choca con los pensamientos subjetivos— que la familia no era tan pobre como Juan Carlos parecía percibirla.

En total, ocho millones y medio de euros de ingresos personales. Es la única estimación real, y aunque ni siquiera pueda considerarse aproximada, al menos está basada en datos que pueden aceptarse o cuestionarse. Más allá de eso no hay nada. No existe información alguna. Sólo especulaciones y rumores. Hasta que llegó Corinna, abrió el símbolo en canal y mostró de qué estaba relleno. O, menos metafórico, hasta que empezó a hablar de las cuentas que el rey tenía en Suiza y comenzamos a percatarnos de que, si bien no podíamos calcular su fortuna, estaba claro que el dinero que había ganado oficialmente como rey sólo era una pequeña parte de esta.

En 2020 el rey dejó de percibir su salario. Se lo quitó su hijo. Lo hizo públicamente, cuando se supo que su nombre figuraba junto al de su padre como beneficiario de una fundación con fondos millonarios en el extranjero. El nuevo rey reaccionó contra el viejo haciendo una cabriola de transparencia: castigó a su padre sin sueldo, y además anunció que renunciaba a su herencia. No importaba que en España no se pueda renunciar a una herencia hasta que alguien muere, y que mientras eso no suceda todo se queda en palabras, en buenas intenciones —si es que realmente lo son—, pero intenciones, al fin y al cabo. Tampoco importaba que no supiéramos si renunciaba a la herencia oficial, la que podría corresponderle de esos cerca de nueve millones de euros que ganó y heredó su padre, o de la extraoficial, la de las cuentas desconocidas, la de esa fortuna que no se puede calcular porque sólo Juan Carlos sabe a cuánto asciende.

Dos años más tarde, en abril de 2022, cuando Juan Carlos, desde su retiro en Abu Dhabi, ya se había convertido en la mayor amenaza para la corona, la Casa Real llevó a cabo un nuevo ejercicio de transparencia al publicitar el patrimonio personal del rey Felipe: dos millones y medio de euros. Justo un mes antes se había anunciado que se cerraban las investigaciones judiciales abiertas contra su padre. Los presuntos delitos habían prescrito, pudieron existir, pero había expirado el plazo para encausarlos, o directamente no podían ser juzgados porque estaba protegido por la inviolabilidad que tuvo como rey.

Dentro del Palacio Real no sólo se contempla la historia pasada, cuando en el palacio vivían reyes. También la reciente. En el Salón de Columnas Juan Carlos firmó su abdicación en 2014. Hoy faltan el atrezo y los testigos de aquel día histórico, pero permanece el escenario. Esta sala sí puede fotografiarse. También la contigua, el Salón de

Alabarderos. Allí está colgado el cuadro *La Familia de Juan Carlos I*. Es el retrato real que se encargó a Antonio López en 1994 y que el pintor entregó más de veinte años después, cuando Juan Carlos ya ni siquiera era rey. Hasta entonces no consideró que la obra estaba acabada. Contemplarla resulta inquietante, porque parece que el artista no necesitó tantos años para retratar con su estilo realista, con minuciosidad, a la familia real, sino porque estaba pintando el futuro.

El viejo rey, el emérito, que aún no era viejo, en 1994 tenía cincuenta y seis años, está situado en el centro. A su derecha, sus dos hijas, Elena, la mayor, en cuyo hombro apoya una mano, y Cristina. Ambas hermanas están ligeramente separadas, al contrario que Elena, que aparece pegada a su padre. Será Cristina, implicada en el caso Nóos, quien provocará que las sospechas salpiquen a toda la familia. A la izquierda de Juan Carlos, Sofía, a quien el rey toca por detrás con la mano izquierda, en ese punto bajo de la espalda donde termina esta y comienza el culo. Y, más apartado, Felipe, que tiene veintiséis años en 1994.

Felipe está junto a su madre, pero tampoco pegado a ella. Parece solo. Es la figura más distante del resto, con más espacio entre su silueta y la de su madre y el resto de los protagonistas del cuadro. Felipe, en sus primeros años como rey, no sólo castigó públicamente a su padre, también se desmarcó del resto de esa familia real anterior. Primero, tras su coronación en 2014, quedaron fuera de la familia real sus hermanas. Cuatro años después, en 2018, cuando los escándalos relacionados con Juan Carlos ya borboteaban, la redujo a sólo él, la reina Letizia y sus dos hijas. Contemplar en la actualidad el cuadro, y ver a Felipe, todavía un joven príncipe —el trono aún se halla en un horizonte todavía muy lejano, irreal—, ligeramente alejado del resto de la familia, sosteniendo el peso del lienzo a la izquierda, impresiona, porque parece como si Antonio López no estuviera pintando a la familia, sino un presagio de lo que sucedería cuando entregase el encargo.

En la obra —otro detalle premonitorio— el tiempo se detiene en 1994, cuando comienza a pintarla. No importa que tarde esos veinte años para considerarla, por fin, completa. Esa es la mejor época de la familia. Juan Carlos está en plenitud. Es la brújula que señala el norte, como hará esa Navidad, cuando se asome a las casas, reclamando ejemplaridad frente a la corrupción. Sus palabras se escuchan y ensalzan, y los españoles brindan todo su respaldo al monarca. Lo dicen las encuestas.

Aquel fue el primer año que el Centro de Investigaciones Sociológicas preguntó directamente en sus estudios por el rey. Previamente, desde 1984, se preguntaba de forma más genérica por la monarquía como forma de Estado, y la mayoría de los españoles, siete de cada diez, respondía que su valor dependía, básicamente, de cómo fuera el rey. Durante aquellos años Juan Carlos se construía, o lo construían, como símbolo. En 1994 ya estaba consolidado. Aquel año y el siguiente, en esas encuestas que empezó a hacer el CIS, obtendría su nota más alta:

un 7,5. Una calificación altísima para el país de las dos Españas y para un rey elegido por un dictador.

A partir de entonces, tal como había sucedido con las audiencias de sus discursos navideños, la valoración empezó a caer. Lentamente. Hasta 2003 la nota media nunca fue inferior a 6. Pero a partir de 2006 la más alta se quedó en un 5,5. El caso Nóos y la cacería de Botsuana hundieron la confianza en Juan Carlos. Cuando el rey firmó su abdicación no llegaba al 4. Ni siquiera rozaba el aprobado. Pero, como pudimos ver más tarde, el descenso no sólo afectaba a Juan Carlos. En abril de 2015, cuando Felipe cumplió su primer año como rey, su corona también se llevó un suspenso. Obtuvo más nota que su padre, pero se quedó en un 4,34. Aquella fue la última vez que el CIS preguntó a los ciudadanos por el rey o por la corona, mientras que, en cambio, otras instituciones del Estado, como los partidos políticos o el Gobierno, siguieron sometidas a escrutinio.

Si un símbolo es cuestionado, si suspende en las encuestas, significa que aquellos que deben creer en él no lo están haciendo. Entonces deja de funcionar y se derrumba. De ahí que no sólo sea necesario fomentar la confianza en el símbolo, sino que también debe evitarse que se cuestione su validez. En definitiva, que no se vea que la monarquía suspende en las encuestas y que no se sepa que el nuevo rey tampoco aprueba. La duda se extiende con mayor rapidez que la certeza, y la desconfianza es más sólida que la confianza.

Desde el propio CIS sus responsables justificaron que se excluyera la monarquía de las encuestas porque el clima en el país era volátil, casi todas las instituciones suspendían y el resultado obtenido no sería útil. ¿Útil para quién? ¿Por qué, en cambio, siguieron preguntando por el resto de las instituciones? Útil para la Casa Real, por supuesto. Para proteger la corona. No preguntar por ella es sacarla del debate. O, cuando menos, no fomentarlo. Saber que suspenderá y evitar que se sepa equivale a echar pegamento, o una capa de pintura, sobre la superficie del símbolo para cubrir las grietas. Pero no significa que bajo esa capa las grietas dejen de extenderse. Otras encuestas trataron de cubrir el escandaloso y cómplice silencio del CIS. En los sondeos más esperanzadores para la corona, la mitad de los encuestados defendían la monarquía frente a la república. Esos eran los resultados más optimistas. En otras, la opción republicana superaba a la monarquía.

En 1994, cuando Antonio López empieza a pintar a una familia real en su máximo apogeo, Juan Carlos ya no sólo es un símbolo deslumbrante, sino también un hombre con un presunto trauma de infancia y un rey con una corte en la que no hay nobles, sino hombres con dinero. En 1994 aún no se habla de la fortuna del rey, pero sí de las sospechas de que existe, aunque las críticas apenas trascienden, no llegan a la opinión pública, y por lo tanto se sigue creyendo en él. Aún hoy no sabemos —nunca lo sabremos— a cuánto asciende esa fortuna, pero sí sabemos que existe. Los acontecimientos desatados tras la abdicación así lo han probado. Las confesiones de su examante Corinna Larsen y una investigación judicial en Suiza lo revelaron.

Durante años, Juan Carlos se rodeó de hombres que poseían grandes fortunas personales, y visitó a reyes, como él, que disfrutaban de las grandes riquezas con las que soñaba. Él no tenía fortuna. Pero su abuelo sí la tuvo, y con ella se fue de España, en 1931, cuando dejó de ser rey. Quizá Juan Carlos pensó que también él necesitaba ser dueño de una fortuna, por si los españoles volvían a echar a otro Borbón de España. Si así sucedía, no se iría con las manos vacías. El rey se enriqueció, quizá, porque no confiaba en España, en los españoles, que son los que hacen España. No las regiones, ni las banderas, sino cada persona, cada súbdito, cada uno de los que votaron a favor de la corona en la Transición, cuando se aprobó la Constitución. En aquel momento parecía que fuese la corona o la nada, Juan Carlos o el caos. El emblema del futuro o las sombras del pasado. Pero España, los españoles, sí se fiaban de su rey. O quisieron hacerlo. Lo escuchaban atentos cuando se asomaba cada Navidad a las casas y le otorgaban la nota más alta de las instituciones del Estado. Tal vez, al final, todo fue una profecía autocumplida. Por no fiarse Juan Carlos de quienes creía que no se fiaban de él, terminaron estos, sus ciudadanos, por dejar de confiar en Juan Carlos.

3

MATAR A UN ELEFANTE ES PECADO

«¿Y nunca has querido matar a un elefante?», le pregunta el personaje de John Wilson (Clint Eastwood) al de Pete Verrill (Jeff Fajey) en una de las primeras secuencias de *Cazador blanco, corazón negro*. Eastwood dirigió y protagonizó la película en 1990. Cuenta la historia de un director de cine, Wilson, que viaja a África para rodar una película, pero que está empeñado —más que empeñado, «tiene la fiebre: está obsesionado y es autodestructivo», como le dice el guionista al productor— en salir de caza más que en rodar. En cazar un elefante. En sentir, como clama Wilson, «el olor de mi primer elefante salvaje».

«¿Y para qué vas a mandar esta película a la mierda? ¿Para cometer un crimen?», le pregunta el guionista en otra de las secuencias. Wilson está fuera de sí. Se ha olvidado del rodaje, para desesperación del productor, se ha olvidado del riesgo, se ha olvidado de todo y sólo quiere su elefante. Es el capitán Ahab persiguiendo a *Moby Dick*.

La historia de *Cazador blanco, corazón negro*, una película sobre otra película, la que supuestamente van a rodar en África, no es sólo eso, una ficción, sino la historia real de John Huston y el rodaje de *La reina de África* en 1952 con Katharine Hepburn y Humprey Bogart. Huston, Wilson en el filme de Eastwood, estaba empeñado en disparar a cualquier cosa menos el largometraje que debía dirigir. Y nada más importaba. Rodaron en Kenia, donde Huston descubrió al llegar, para su gran frustración, que no podía cazar porque sólo se concedían cinco licencias para matar a un elefante y él no tenía una, y en el Congo, donde, para fortuna suya, o para terminar de dispararle la obsesión, no había restricciones de caza. «No es un crimen matar a un elefante. Es mayor que eso. Es un pecado. Es el único pecado que puedo cometer comprando una licencia para ello. Y por eso quiero hacerlo antes que cualquier otra cosa», le responde Wilson a Verrill.

«¿Y vas a mandar esta película a la mierda para qué? ¿Para cometer un crimen?».

La película de Juan Carlos, como la de Eastwood, son tres películas en una. La primera, al igual que en *Cazador blanco, corazón negro*, va de una cacería en África. Transcurre en Botsuana, en el Delta del Okavango, adonde en abril de 2012 partió el rey, cuando aún era rey, a cazar un elefante. No era la primera vez que viajaba allí. Tampoco su primer elefante. En esta ocasión el viaje lo pagaba un amigo suyo, el empresario de origen árabe Mohamed Eyad Kayali, un discreto empresario dedicado, entre otros negocios, a la venta de armamento español a Arabia Saudí. Además de Kayali, acompañaban a Juan Carlos su amante Corinna Larsen, su hijo pequeño, Alexander, de diez años, y, para terminar de hacer más pintoresco el reparto, Phillip Adkins, primer marido de los dos con los que Corinna se había casado y divorciado, y padre de su hija mayor. Era una cacería entre amigos y nuevos amigos, reducida y, sobre todo, secreta.

Durante todo su reinado, el rey Juan Carlos realizó dos tipos de viaje. De unos, los oficiales, se informaba públicamente. Los supervisaba y autorizaba el Gobierno. Tanto dentro como fuera de España. Los viajes por España son incalculables. Los desplazamientos al extranjero fueron cerca de doscientos cincuenta durante las cuatro décadas de su reinado, desde viajes de negocios acompañando a delegaciones de empresarios hasta desplazamientos para asistir a la toma de posesión de nuevos mandatarios. Pero los más interesantes, al menos para la primera de las tres películas, son los otros: los viajes privados. Estos no se pueden calcular porque desde palacio jamás se informó de ellos. Pertenecían a la vida íntima del monarca y por lo tanto, según la lógica impuesta por la Casa Real, y acatada por el Gobierno, estaban exentos del conocimiento y escrutinio público. Fueron numerosos, tanto dentro como fuera de España. Y también fueron, sobre todo, llamativos, y algunos incluso trascendentales. Con los años se han conocido varios. En 2004, en un viaje privado a Ciudad Real, adonde el rey acudió invitado a una lujosa finca de caza del duque de Westminster, conoció a Corinna Larsen, personaje fundamental para el destino del rey y de la corona española. Y en otro, ocho años después, en Botsuana, comenzó la caída del rey. Supuestamente, la Zarzuela informaba de aquellos viajes a la Moncloa, es decir, al Gobierno, que debía saber en todo momento dónde se encontraba el jefe del Estado. Pero no se informaba de lo que hacía durante sus estancias ni de con quién estaba. Todo cuanto se supo años después de estos viajes fue siempre porque estaban relacionados con algún episodio polémico.

En este, el que nos interesa ahora, en la primavera de 2012, el rey se ha marchado a Botsuana a cazar un elefante. John Huston se fue a rodar una película y se olvidó de la película porque en su cabeza únicamente cabía, como en la película de Clint Eastwood, oler su primer elefante. Algo parecido debió de sucederle a Juan Carlos. Aquel año España atravesaba uno de los peores momentos de la crisis económica que se había iniciado en 2008. El número de parados había aumentado hasta alcanzar casi los seis millones, triplicando la cifra anterior a la crisis. Aquel primer trimestre del año, justo antes de que el rey cogiera su escopeta de caza y se subiera a un jet privado rumbo al Delta del Okavango, 365.000 personas más se quedaron sin empleo. Durante aquellas semanas, mientras el rey ultimaba su escapada, viajaba a África y participaba en la cacería, en España toda la atención estaba centrada en la precaria situación económica del país y en el rescate internacional que parecía inminente. La palabra «rescate» suena bien, la asociamos a salvación —y eso es exactamente—, pero si a rescate le añadías la palabra «internacional» significaba que la economía española, el país entero, iba a ser intervenido. Finalmente sucedería así, dos meses después de Botsuana, en junio, cuando la Unión Europea inyectó 100.000 millones de euros en la banca española.

El país se hundía, o ya se había hundido, y su capitán, el jefe del Estado, no se quedaba a bordo aferrado al timón, sino que abandonaba el barco, el país, y se iba a una cacería de lujo. Pero jamás lo hubiéramos sabido si no hubiese sucedido lo que sucedió. La cacería, el elefante, el viaje en plena crisis, todo habría permanecido en secreto, como la mayoría de los viajes privados que hizo durante su reinado.

Para cazar un elefante lo primero que se necesita es querer hacerlo. Parece una obviedad. No lo es. Es preciso, como Huston, como Eastwood convertido en ese Wilson *alter ego* de Huston, querer matar a un elefante. Desear hacerlo. Y querer matar a un elefante es querer matar a otro ser vivo, del que dicen los zoólogos que es el rey de la selva, y no el león, como se repite en las películas y en los cuentos. Nada hay más poderoso que un elefante. Los leones huyen de ellos. No tiene depredadores. Salvo el hombre. Querer matar a un elefante es desear matar a un animal en peligro de extinción. Los dos tipos de elefantes que viven en África, el de la sabana y el de bosque, lo están. Se estima que quedan en el continente algo más de cuatrocientos mil ejemplares de ambas especies. La población de la primera, a la que pertenece el elefante que fue a cazar Juan Carlos, se ha reducido un 60 por ciento desde que el rey fue entronizado. La de la segunda, más de un 80 por ciento.

La segunda condición imprescindible es tener dinero. Cazar un elefante, además de ganas, es cuestión de dinero. La licencia por matar uno ronda los 40.000 euros. Eso pagó, además de los gastos del viaje, el anfitrión del rey por la cacería de su amigo. Un safari de diez días en Botsuana, con un elefante a abatir, cuesta 80.000 euros. Aviones aparte.

La tercera es saber cómo hacerlo. «El elefante es peligroso. Es un bastardo con agallas», le dice el director Wilson (Eastwood) a su guionista antes de detallarle el procedimiento. Como le cuenta, a un elefante sólo puedes matarlo disparándole al corazón o entre los ojos, quince centímetros por debajo de estos. Encontrar el punto exacto donde late el órgano vital del animal resulta casi imposible, por eso se les dispara de frente, cara a cara, para acertarles entre los ojos. Pero no es verdad que sea necesario saber hacerlo. Es, básicamente, cuestión de dinero. Si se viaja a matar a uno, como hizo Juan Carlos, nos acompañará un cazador profesional que liquidará al elefante en caso de que fallemos y antes de que el elefante ataque. El rey necesitó siete disparos, como detallaba el documento de su partida de caza, lo publicó el periódico *El Mundo*, para abatirlo. Y no lo mató del todo porque después lo remataron sus escoltas con treinta tiros más. La escena, incluso sobre el papel es, cuando menos, grotesca. El elefante que el rey mató en Botsuana aquella primavera tenía cincuenta años (la esperanza de vida ronda los setenta), unos colmillos de más de un metro de longitud y cerca de cuarenta kilos cada uno. El rey lo mató y sus escoltas lo remataron. A pesar de la escabechina, sin embargo, el elefante no murió. Desde entonces, cada mañana cuando se despierta, aquel elefante sigue ahí para Juan Carlos.

La madrugada del sábado 14 de abril el rey se cayó en el campamento donde dormía en Botsuana, se fracturó la cadera y tuvo que ser trasladado de urgencia a España para ser operado. De ello informó la Zarzuela a la mañana siguiente, a las nueve y media, cuando ya estaba en Madrid y había pasado por el quirófano. El rey, contaron desde palacio, había tropezado con un escalón. Después supimos, y eso no lo contó la Zarzuela, aunque tampoco importa, que la noche antes se había alargado en el campamento y que Juan Carlos, Kayali y Adkins habían cenado juntos, pero, sobre todo, habían bebido mucho vino que llevaron desde España.

Con Juan Carlos de regreso en Madrid y hospitalizado termina la aventura africana y la primera película, y comienza la desventura para él.

La segunda película es una historia de periodistas. Pero no una al estilo de *Todos los hombres del presidente*, posiblemente el mayor clásico del género, en la que Dustin Hoffman y Robert Redford interpretan a los reporteros de *The Washington Post* Carl Bernstein y Bob Woodward y su investigación sobre el caso Watergate que obligó a dimitir al presidente Nixon. Al contrario. En esta película de periodistas lo que hacen los periodistas es todo lo contrario: no investigar. Durante años, salvo excepciones, se guardó lo que hoy se considera un vergonzante silencio sobre el rey Juan Carlos y la Casa Real. Había un pacto, no escrito, al respecto. O eso parecía. Juan Carlos, salvo contadas excepciones, algunas llamadas de atención puntuales de algunos periódicos y, sobre todo, el trabajo de un puñado de periodistas que se pasaron años investigando y contando la cara B, fue tratado de forma exquisita, reverencial, sin cuestionarlo ni investigarlo. Era, ya sabemos, el único «don» de la prensa. También a su familia —que era esa familia de Shakespeare puertas adentro de palacio, pero hacia fuera, de revista *¡Hola!*— se la trató así.

Durante años, la prensa también contribuyó a construir ese símbolo que se quiso que fuera Juan Carlos, a abrillantarlo cuando hacía falta y a ocultar sus grietas. No cumplió con su deber. Los medios de comunicación adoptaron la misma actitud que los políticos, quienes tenían la responsabilidad de controlarlo, pero no lo hicieron, o no quisieron hacerlo, o no se arriesgaron, porque creían en él o en la necesidad de creer en él. En esta película de periodistas, los protagonistas no investigan ni revelan escándalos, sean cuales sean las consecuencias, sino que miran hacia otro lado cuando ven algo sospechoso. Si no se ve, no se conoce. O ni siquiera miran. Durante los años de la Transición, cuando se exaltaba el símbolo de Juan Carlos como el de una nueva España, los medios, y los periodistas que estaban al frente de estos, también colaboraron en la construcción del nuevo país. Eran partícipes. Algunos incluso fueron sus arquitectos. Puede que, para ellos, escribir contra Juan Carlos resultase hacerlo contra su propia obra, contra sí mismos. La cabeza del rey no era la única que sostenía la corona.

El resultado es que Juan Carlos fue intocable durante años. No sólo estaba fuera del debate político, como se demostraba cada Navidad con sus discursos, sino también fuera de los medios. Desde los mensajes de Nochebuena que abrían los periódicos hasta todas esas noticias que pudieron haberlo sido si se hubiesen investigado pero que jamás lo fueron. No existieron. Y eso equivalía a que esos hechos que se hubieran hecho públicos nunca sucedieron. Aunque, por supuesto, sucedieran.

Pero en esta película de periodistas hay un giro. Todas las series de televisión tienen giros. Y como todas lo tienen, ya no basta con uno, sino que hacen falta más. Con esos giros se atrae la atención del espectador para que no se fugue a otra plataforma. Aquí la historia tiene uno. Llega con Botsuana. Y volvemos a la primera película, la africana.

El rey se ha ido a cazar. Nadie lo sabe. Pero, súbitamente, esa mañana del 14 de abril el país despierta con la noticia de que, mientras España sufre, su rey andaba matando a un elefante. La víspera se ha cerrado la veda del elefante para el rey, pero acaba de abrirse la veda del rey para los medios de comunicación. La noticia no puede ocultarse. Tampoco suavizarse. Es lo que es: un rey, un jefe de Estado, cazando elefantes mientras los ciudadanos de su país se quedan sin trabajo. Desde esa mañana la única noticia buena que recibe Juan Carlos es cuando los médicos le informan de que la operación ha salido bien. Y ni siquiera esa alegría le durará mucho: dos semanas después regresa al quirófano. Por acelerar su recuperación y mostrar al rey en plenas facultades frente a la polémica que ha desatado la cacería, en la Zarzuela lo fuerzan demasiado, Juan Carlos sufre una luxación en la cadera operada y necesita ser intervenido nuevamente.

La noticia de la cacería da la vuelta al mundo. Y, además, en un mundo donde todo es imagen, lo hace con foto incluida. Ya decía Aristóteles que pensamos con imágenes, y eso que faltaban dos mil trescientos años para que existieran Instagram o Netflix. En esta imagen aparece Juan Carlos junto a un cazador profesional, uno de esos tipos que matan al animal si nosotros fallamos (y pagamos por ello) junto a un elefante muerto cuya cabeza está aplastada contra el tronco de un árbol. La foto no es de la cacería de la que el rey ha vuelto en camilla, sino de seis años antes, también en Botsuana. No importa que el elefante de la foto no sea el que acaba de matar. De hecho, es incluso peor, porque demuestra que no es la primera vez que mata a uno. La obsesión del director Wilson de *Cazador blanco, corazón negro*, en la película de Juan Carlos no es siquiera por matar a su primer elefante.

Sin embargo, sí tendrá importancia que la foto sea de una cacería anterior. Para Corinna la tendrá. Ella verá en esa foto una prueba de que se ha ido contra ella, porque la imagen ha sido filtrada para terminar con su relación. Pero la imagen importa, sobre todo, porque es eso: una imagen. La de Juan Carlos con un elefante muerto. La prueba del delito. El bello animal aniquilado por el hombre sádico. Y como las imágenes no tienen idioma, esta foto aún propicia una mayor repercusión internacional a la polémica.

Algunos medios internacionales hablan de que en España hay un elefante en palacio, porque ya estaba, desde entonces ha estado allí. Otros describían la polémica como una «crisis *jumbo*» para la Casa Real. *Jumbo* por sus dimensiones, pues esta es la palabra que emplean los anglosajones para definir algo enorme. Proviene del nombre del elefante que en el siglo XIX fue capturado en Sudán, exportado primero a París y después a Estados Unidos y exhibido como una atracción de feria, hasta que murió en un accidente, arrollado por una locomotora. Era una crisis *jumbo* por lo llamativo del caso y por el elefante, pero aún no lo era por su magnitud. Aunque terminaría siéndolo.

En España, todos los medios, fuera cual fuese su línea editorial, incluidos los monárquicos, hablaban de lo sucedido y se mostraban críticos, por primera vez, con el rey. Había terminado el pacto de silencio. Resultaba insostenible. Juan Carlos había cometido un error descomunal. Es cierto que era un viaje privado y que pertenecía a su intimidad, pero mientras el país sufría él se dedicaba a cazar, en secreto, un animal majestuoso. Hacía menos de cuatro meses que se había asomado a las casas en Nochebuena y había dicho que le dolía que hubiera familias sufriendo por la crisis y tantos jóvenes sin empleo. Marcharse poco después a una cacería de lujo en Botsuana resultaba, cuando menos, hipócrita.

Juan Carlos se levantó de aquella caída porque lo levantaron, lo trasladaron de urgencia a Madrid y lo operaron, pero, en realidad, el rey ya nunca volvería a levantarse. Su prestigio se desplomó con él. También su popularidad y la confianza con que contaba hasta entonces. Ya no volvería a aprobar en ninguna encuesta. Pidió perdón a la carrera, aunque dando pasitos cortos apoyado en una muleta. «Lo siento mucho. Me he equivocado y no volverá a pasar», dijo, a la salida del hospital. Era la primera vez que el rey se disculpaba por algo. Un mensaje muy breve, sin tan siquiera especificar el porqué. ¿Por haberse caído? ¿Por matar a un elefante? ¿Por irse a una cacería de lujo en mitad de la tormenta de la crisis? ¿Porque lo habíamos descubierto? ¿Por todo lo que vendría después? ¿O pidió perdón así, como lo hizo, apresurado e improvisado, aunque se había pasado horas con el jefe de la Casa Real, Rafael Spottorno, y el director de comunicación, Javier Ayuso, planeando cómo hacerlo y redactando el texto, porque le dijeron que tenía que hacerlo, y no concretó el motivo porque para él no había nada por lo que pedir perdón?

Retomemos ahora la segunda película, la de los periodistas. El accidente de Botsuana no se queda sólo en un desafortunado accidente, por el tropezón, la rotura de cadera y, sobre todo, por el momento en que se produjo. Va a más. Pocos días después se descubre quién estaba con él: Corinna Larsen. Para hacerlo más polémico aún, ya no se trata de que se haya ido a matar a un elefante cuando su país está a punto de ser intervenido, sino que lo ha hecho con su amante. No es la primera que tiene. Durante todo su reinado han trascendido los nombres de otras. Por supuesto, siempre sin confirmar. Las cosas de palacio no sólo van despacio, también con combustible de rumores. No existen pruebas ni certezas. Pero el nombre de Corinna irrumpe en un momento en el que los periodistas, la prensa, ha rasgado el silencio que envolvía al rey y se habla de Botsuana, del elefante, de lo que ha costado matarlo... y de Corinna. Una vez caído el velo, el símbolo carece de protección. Queda expuesto. Por primera vez se escribe sobre una amante del rey sin filtro de rumor. Tirando del hilo de ese nombre, surgen otros más antiguos. Y esos hilos forman un ovillo en el que ya se mezclan nombres de mujeres, de otras amistades peligrosas de Juan Carlos, de destinos de otros viajes privados, de los miembros de la familia real y de la relación entre ellos. Tras la irrupción de la amante, con nombre y apellidos y, al igual que en el caso del elefante muerto, con foto incluida, la familia real ya no es una familia ideal del *¡Hola!*, sino que empieza a verse realmente como protagonista de una obra de Shakespeare.

La tercera película está vinculada a esa familia trágica. No es una trama de periodistas, sino un thriller judicial. Las consecuencias de la cacería de Botsuana no hubieran sido las mismas si en paralelo no se hubiera desarrollado el caso Nóos. Juan Carlos probablemente habría salido, lesión de cadera aparte, indemne de la polémica. Incluso aunque el nombre de Corinna trascendiera y todos descubriésemos quién era la mujer con la que el rey compartía su vida, que no era precisamente la reina Sofía, como llevaba tantos años repitiéndose. El caso Nóos es la trama de esta tercera película que encierra la historia de Juan Carlos durante los últimos años.

La Navidad previa a Botsuana había explotado definitivamente el escándalo. Urdangarín era imputado y

Juan Carlos decía en su discurso de Navidad que la justicia era igual para todos. Como si lo que había pasado fuera cosa de su yerno, y la justicia fuera a tratarlo como a cualquier otro. Pero el caso ya tenía otras lecturas, porque se había publicado —la propia Casa Real lo había comunicado— que el rey sabía lo que estaba pasando y que él mismo había puesto freno a los negocios de Urdangarín. Supuestamente, le prohibió que siguiera adelante. Pero, por supuesto, lo hizo en secreto, en privado, como los viajes, como se hace todo en esa casa. Lo bueno de las cosas privadas es que son secretas. Lo malo es que cuesta más demostrar que son ciertas.

A partir de ahí el ritmo de la trama se acelera. Urdangarín había sido jugador de balonmano profesional, y cuando se retiró trató de buscarse un futuro en el mundo de los negocios. Para ello estudió en la elitista escuela ESADE, de Barcelona, donde vivía con Cristina. Allí conoció a Diego Torres, uno de sus profesores, que le propuso un negocio conjunto: crearían una empresa, el Instituto Nóos, que se dedicaría a la consultoría estratégica y organizaría eventos para grandes empresas y administraciones públicas. Torres tenía la idea. Urdangarín, la imagen y los contactos. Ambos, la ambición por el dinero. Y eso hicieron. Ganaron muchísimo. Vendieron sus productos y sus servicios, entre otros, a los gobiernos de Baleares y de Valencia, en una época de despilfarro previa a la gran recesión de 2008. Ese periodo y esos gobiernos son dos de los grandes focos de corrupción en España. El resultado, un enriquecimiento desmedido, contratos adjudicados sospechosamente, presupuestos exagerados y dinero no declarado a Hacienda.

La explosión del caso, seguimos con la película, no sólo separa a los dos socios —por aquel entonces ya exsocios— Urdangarín y Torres, sino que los enfrenta. Torres cuenta con un equipo de abogados que ha contratado él. Urdangarín, según la percepción de Torres, dispone de toda la estructura del Estado. Aquellos que protegen a Juan Carlos lo protegerán también a él, porque tocar a Urdangarín es tocar al rey. Si Urdangarín cae, debilitará toda la construcción. Más aún si cae Cristina, la segunda hija del rey, familia real, sangre de su sangre. Torres intuye que van a ir contra él. Y ve confirmadas sus sospechas cuando escucha que los testimonios apuntan a su cabeza. Lo acusan de haberlo dirigido todo. Urdangarín, que pierde peso y palidece en cada comparecencia pública, confió en él, no hizo nada malo, no sabía lo que el otro estaba haciendo...

Pero esta película también tiene sus giros: Torres contraataca, no caerá solo. Es más: no piensa caer. Quiere que le tiendan la misma red que a su socio. Y entonces empieza a sacar a la luz, sumándolos a la causa o filtrándolos, correos a través de los cuales vamos descubriendo que en palacio sabían perfectamente lo que estaba haciendo Urdangarín y que no sólo no lo habían frenado, como habían dicho, sino que el rey Juan Carlos lo había apoyado. Torres, en lo que parece —y probablemente fue— un movimiento de ajedrez, apunta al rey. No satisfecho con eso, también desempolva correos que ponen de manifiesto la conexión entre Juan Carlos y los dos imputados a través de Corinna, con quien Urdangarín hablaba de posibles negocios.

Las tramas de las películas, y más aún las series de televisión, además de los famosos giros de guion, incluyen otro elemento que en inglés se llama *cliffhanger*. Son puntos álgidos que alcanza la acción tras haber ido subiendo de intensidad, hasta llegar a un tope de tensión. En ese momento se interrumpen para continuar después. Un *cliffhanger* al final de un capítulo nos inducirá a ver el siguiente para saber qué sucede y cómo se resuelve esa tensión que el capítulo anterior ha dejado en el aire.

Esta película cuenta con un *cliffhanger* en abril de 2013. Finalmente, la infanta Cristina es imputada junto con su marido. Durante semanas la tensión había ido escalando, porque no estaba claro si sucedería o no. El juez del caso, José Castro, quería imputarla, pero no así el fiscal, Pedro Horrach. La diferencia de criterio enfrentará al juez y al fiscal (otra subtrama de la película) y hará sobrevolar la idea de que desde el Estado —la Fiscalía depende del Gobierno— se está maniobrando para salvar a Cristina. Se trata de un *cliffhanger* en toda regla, porque ese punto de tensión no se resolverá inmediatamente. Será en febrero de 2014 cuando Cristina acuda a declarar ante el juez. Un momento tan histórico como insólito. Comparable al de haber visto a su padre menos de dos años antes pidiendo perdón por el desastre de Botsuana. Cristina declara que ella no sabía nada, que no participó en nada, aunque figurase en la documentación y fuera dueña del negocio junto con su marido. Era todo cosa de él.

La película aún continuará. Dos años después, en marzo de 2016, se celebrará el juicio. Cristina declarará como acusada. Volverá a negar haber intervenido. Casi un año más tarde, por fin, habrá sentencia. Ella será absuelta. Urdangarín, en cambio, condenado a casi seis años de cárcel. Cumplirá su condena en un módulo especial, sólo para él, en una cárcel de mujeres en Ávila. El mismo donde cumplió la suya Luis Roldán, el director de la Guardia Civil condenado por corrupción en los años noventa, cuando Juan Carlos reclamaba ejemplaridad a los políticos en su discurso de Navidad.

Pero el desenlace de esta película no repercute en la de Juan Carlos, o no repercute todavía, aunque después sí lo hará en la figura de Felipe, que ya es rey, y en esa familia real que se irá reduciendo al mínimo esqueleto. Aquí, en la película de Juan Carlos, tiene más relevancia el *cliffhanger* de la infanta imputada. En abril de 2013, cuando Castro, que parece el sheriff Will Kane, interpretado por Gary Cooper en *Solo ante el peligro*, él solo contra todos, incluso contra el fiscal que había estado a su lado en un principio, imputa a Cristina, el reinado de Juan Carlos se tambalea.

El rey Juan Carlos iba a morir en la cama como rey. Morir en la cama es morir de viejo. Muere un rey coronado y su hijo primogénito, en este caso su primer hijo varón, se convierte en el nuevo rey, ciñéndose la corona en la cabeza. El rey ha muerto, viva el rey. Abdicar no entraba en los planes de Juan Carlos. Al menos no cuando volaba de regreso a España desde Botsuana con la cadera rota. Pero Botsuana lo trastocó todo. Botsuana es la película de la cacería en África en el escenario de la película del caso Nóos, la judicial, y con el cambio que provocó en la tercera, la de los periodistas.

El rey se cayó en mitad de la noche en su campamento africano tras haber matado a un elefante, y parecía haber arrastrado con él, como si hubiera tratado de aferrarse a una mesa para no desplomarse, el mantel sobre ella con todo dispuesto para un banquete. En primer lugar, su reputación. La valoración de Juan Carlos ya no volvió a alcanzar el aprobado. Y en segundo lugar, su salud. Desde la cacería hasta su abdicación, por mucho que en la Zarzuela trataran de mostrar al viejo rey como el rey fuerte que fue, y aunque recurrieran a trucos como ese de hacerle pronunciar el discurso de Nochebuena de pie o acelerar sus viajes oficiales internacionales para que se le viera en acción, Juan Carlos no se recuperó. Estaba débil física y psicológicamente.

Aquellos eran años, como él mismo dijo en su mensaje navideño de 2011, de desprestigio de las instituciones. El movimiento del 15-M fue la mejor prueba de ello. Miles de personas, sobre todo jóvenes, reclamaban un cambio en España y renegaban del modelo creado en la Transición. Juan Carlos era el resultado de aquel modelo. La monarquía no era el foco de las protestas, pero tampoco se libraba. El desprestigio le afectaba y también en el 15-M hubo críticas al rey. El caso Nóos y la imputación de la infanta terminaron de teñir la familia de sombras. Aún más cuando la imputación de Cristina se convirtió, para rematarlo, en una sospecha latente de que se estaba organizando una operación para salvarla.

El rey no quería abdicar, pero lo convencieron de que lo hiciera. La situación había llegado a tal momento de tensión que sólo cabían dos opciones para continuar la película. La primera, dejarlo todo tal cual, como siempre, aunque nada podía volver a ser igual, como un *cliffhanger*. Mantener congelada la imagen de un rey débil y cuestionado, y esperar a ver cómo se resolvía en el siguiente episodio con él en el trono. O todo: que las cosas siguieran como hasta entonces, a la espera de que las críticas amainasen y las faltas fuesen perdonadas... O nada: que, dentro del clima de crisis, de incertidumbre y de crítica a las instituciones que imperaba, se encendiera un debate sobre monarquía o república, que ardiera la llama, que no se apagara y que el incendio desatado culminara en un referéndum con los Borbones de nuevo fuera del trono.

La segunda alternativa de guion era recurrir a un nuevo giro. Se mantendría la atención del espectador, pero sin el riesgo de un *cliffhanger* de desenlace imprevisible. El giro, en cambio, podía ser controlado. La solución, finalmente, era que Juan Carlos abdicara y que Felipe ascendiera al trono. Debía dejar la corona para salvarla. Sacrificarse para no sacrificar a la familia. Esta, por supuesto, estaría de acuerdo. Parecía un giro de 180 grados. Ese efecto tuvo la abdicación. El anuncio del rey en televisión, primero, casi era verano, muy lejos de la Navidad, y de la ceremonia de abdicación, después. Luego la coronación de Felipe.

De aquel día de junio es la foto en el balcón del Palacio Real del rey que deja de serlo, el que empieza y de la niña que algún día será reina. En la Zarzuela se vive muy bien, lejos de todo, pero también se hace aislados del pueblo. Para darse un baño de multitud es mejor el Palacio Real. Allí han acudido ese día. Los simpatizantes, abajo, en la plaza frente al palacio. Ellos arriba, reales, pero distantes y superiores, que es también ser reales. En una de las imágenes Felipe y Juan Carlos se besan y abrazan. Leonor les da la espalda apoyada sobre la balaustrada, observando la plaza llena, a sus súbditos. Antes, en otra imagen del momento, padre e hijo se daban la mano y ella los miraba curiosa.

En un momento más de la secuencia, Leonor saluda. Parece desconcertada. Su padre se lleva la mano al corazón. Sonríe, así que no es un infarto, sino un gesto de cariño. El abuelo, al lado de Leonor, no hace nada, sólo contempla todo. Parece orgulloso. Este que contemplamos es mi reino, tú lo heredarás, cuenta la escena. No va por Felipe, que lo acaba de suceder como rey, sino por

Leonor. El reino de Juan Carlos. El reino congelado de estas fotos del balcón en el Palacio Real con el pueblo abajo vitoreándolos como futbolistas. El reino de la luz. Es junio, llega el verano y son los mejores días del año en Madrid. Que también es un reino de sombras e invierno se sabrá después, no mucho más tarde. Se hereda el reino y sus fantasmas.

No era un giro de 180 grados, sino de 360. La misión de una familia real es salvarse. Seguir siendo real. Sin corona, una familia real no es más que una familia. Aquel día todo cambiaba para que todo siguiera igual.

Juan Carlos mató a su elefante en Botsuana. Matar a un elefante no es un crimen, como decía Clint Eastwood, sino un pecado, que es algo mucho más fuerte en el terreno de las creencias, de los símbolos. Pero el elefante no murió. Siguió vivo. O su fantasma. Por aquel elefante, que todavía sigue allí, el rey tuvo que abdicar.

En otro cuento, del escritor y terapeuta argentino Jorge Bucay, no es un dinosaurio el protagonista, sino un elefante. Uno que nace y crece encadenado a un tronco clavado en el suelo. La libertad de esa cría de elefante abarca la distancia que mide su cadena. El elefante crece y sigue atado al mismo tronco. Ahora es grande y le sobra fuerza para arrancarlo, pero como ha crecido creyendo que ese pedazo de madera es un límite insuperable, ni siquiera lo intenta. Es un cuento que nos habla de hasta qué punto nos limitan nuestros miedos e inseguridades. De cómo ese tronco en el suelo le arrebata la libertad al elefante. En este cuento, o en esta película, la de Juan Carlos, el elefante de Botsuana, por el contrario, arrancó otro tronco, el del rey como símbolo, alrededor del cual había que caminar porque se daba por hecho que era un tronco fuerte e inamovible. Este tronco no arrebataba libertades físicas, pero seguramente sí simbólicas, como todo en esta historia. Entre otras, la libertad de cuestionarlo. Del mismo modo que el elefante de Bucay no se pregunta si sería capaz de arrancarlo, los españoles —gracias a la labor de contención llevada a cabo durante muchos, muchos años por políticos y medios de comunicación— no cuestionaron la figura del rey ni sus actos. Hasta que aquella primavera se fue a Botsuana, mató a un elefante, se cayó y ya no pudo volver a levantarse.

4

Corinna y los *Big Five*

El 14 de abril de 2012 el rey Juan Carlos regresa de Botsuana para ingresar en el quirófano. Ha vuelto con la cadera rota, según el diagnóstico médico, pero lo que se ha roto es más importante y grave que un hueso. No se ve en la radiografía. Tampoco hay prótesis que puedan repararlo. La noticia da la vuelta al mundo. Lo hace, además, con esa foto en la que Juan Carlos, vestido de cazador, con tonos caquis y verdes, escopeta en mano, posa delante de un elefante muerto al que supuestamente, y digo supuestamente porque intuimos que así es, aunque no lo sabemos, ha matado.

El rey no tiene edad, ni intención, de subir la foto a las redes sociales. Lo importante para él debe de ser el animal que ha matado, frente a frente, sosteniendo esa escopeta a la que sólo le falta echar humo por los agujeros del cañón, como en los dibujos animados. La foto no es de esa cacería, sino de otra en la que participó seis años atrás. Por aquel entonces el rey era un hombre feliz. Eso no se aprecia en la imagen con el elefante muerto, pero ahora sí lo sabemos. Su prestigio aún permanece intacto, el futuro de la corona parece asegurado con su hijo Felipe y el nacimiento de Leonor y, sobre todo, mantiene ya una relación con una mujer alemana que responde al complicado nombre de Corinna zu Sayn-Wittgenstein, de la que está perdidamente enamorado. Con ella se encuentra, aunque eso tampoco se ve en la foto, eso también lo sabemos ahora, en esa cacería de Botsuana. Está fuera de plano y de foco, al otro lado de la cámara. Como estuvo hasta que el rey regresó del safari de 2012 con la cadera rota y el prestigio resquebrajándose. Hasta que su nombre salió publicado. Porque Juan Carlos no sólo se había ido a cazar un elefante en uno de los peores momentos que atravesaba su país, sino que, además, lo había hecho con su amante. Entonces fue cuando trascendió Corinna.

Trascender, según dice el diccionario, es empezar a ser conocido algo que estaba oculto. Pero esa trascendencia no se produce por combustión espontánea, de la nada, un día no está y al siguiente sí. Para que trascienda debe suceder algo que haga que así sea. En este caso algo tan sencillo como que alguien lo comunique; que alguien desvele que el rey estaba en Botsuana con su amante y que esta se llama Corinna zu Sayn-Wittgenstein. En el momento en que trasciende, como dice el diccionario, empieza a ser conocido lo que estaba oculto. Empieza. Luego continúa, pero la mecha ya está prendida y el hilo del que tirar, expuesto. Así pasó.

La pregunta fundamental es quién hizo que trascendiera. No hay un adjetivo específico para calificar a la persona que hace que algo trascienda. Tampoco un sinónimo. Trascendente, por ejemplo, no es la palabra adecuada, puesto que califica a aquello que trasciende. Pero hay muchas otras palabras que pueden emplearse para este caso: delator, confesor, desvelador, anunciador... O también «filtrador», porque eso fue lo que pasó: alguien filtró el nombre de Corinna zu Sayn-Wittgenstein. Con el rey convaleciente por su rotura de cadera, con su prestigio desmoronándose, hubo interés en que los españoles supieran, además, que Juan Carlos estaba en Botsuana con aquella mujer. Sin embargo, no se sabe quién o quiénes fueron los confesores, los delatores, los chivatos o los filtradores. Aunque se intuye, nunca se ha confirmado.

Podríamos jugar a adivinar quién lo filtró, quién hizo que trascendiera aquello que estaba escondido. Sería como una novela clásica de misterio en la que el detective debe descubrir quién es el asesino a fin de resolver un crimen. Para ello aplica su astucia y su capacidad de deducción, analiza las pistas y va descartando posibles sospechosos hasta que las pruebas y las conclusiones lo conducen al culpable. Aquí, el crimen se comete en un lugar muy adecuado para una de estas novelas: un palacio, el de la Zarzuela. No hay cadáver, o al menos no por el momento, aunque el cuerpo del delito, la silueta del muerto pintada con tiza en el suelo, es un nombre muy conocido dentro de palacio, pero que se desconoce, o no se desea conocer, fuera. El acto de exponerlo, de sacarlo a la luz, es el crimen que se investiga.

En primer lugar, antes que en los sospechosos, el investigador piensa que debe fijarse detenidamente en el escenario del crimen. La Zarzuela fue construido originalmente en el siglo XVII, pero no era un palacio, sino un pabellón de caza que el rey Felipe IV ordenó levantar para alojarse cuando salía de cacería por los montes del Pardo. Desde sus orígenes, anotaría el detective a modo de primera impresión, había habido cadáveres bajo sus techos.

El edificio, sin embargo, quedó prácticamente destruido tras la Guerra Civil, y no se rehabilitó y reformó tal como lo conocemos hasta mediados de los años cincuenta. En 1962 se convirtió en la residencia del príncipe Juan Carlos y la princesa Sofía, que acababan de casarse. Cuando ascendieron al trono en 1975 pasó a convertirse en su residencia oficial como reyes, reemplazando al Palacio Real, en la plaza de Oriente, como les habría correspondido. Prefirieron este palacio, o mansión, más reducido, a la monumentalidad del Palacio Real. Además, volver allí habría sido como regresar al escenario del crimen, al palacio donde vivió el último rey, su abuelo Alfonso XIII, que fue expulsado del trono por los españoles en 1931, cuando se fundó la II República, y partió al exilio acusado, entre otras cosas, de corrupto.

El Palacio Real tiene una poderosa carga simbólica,

como también la tiene Buckingham, en el centro de Londres, para la familia real británica. En Buckingham ondeaba la bandera cuando la reina Isabel se encontraba en el palacio, y todos los británicos sabían que allí estaba su reina. En el Palacio Real hay dos banderas españolas, o, para ser más exactos, dos mástiles. Una ondea siempre, porque es un edificio oficial, y la otra, la segunda, lo hace sólo cuando el rey se halla en el recinto. Pero simbólicamente el Palacio Real también podía resultar muy negativo como sinónimo de megalomanía, en clara referencia a una época anterior de reyes viviendo en ese mismo palacio que Juan Carlos necesitaba para justificarse como monarca, como heredero de una corona centenaria, pero contra la que, en cambio, debía también oponerse, como gesto, para mostrarse como un rey nuevo y moderno. La versión corregida del pasado.

El palacio de la Zarzuela, además, se encuentra escondido al público. Oculto. Nadie sabía si el rey estaba allí. En la Zarzuela, habría concluido el detective fácilmente, Juan Carlos era más libre. Pero la Zarzuela, habría proseguido con su razonamiento, no es sólo el edificio, sino también quienes lo habitan. Así, habría analizado la historia reciente del palacio y de sus inquilinos, para llegar a la conclusión de que, si estaba escudriñando allí, tras una nueva pista, se debía a que no era la primera vez que se cometía un crimen como aquel en palacio.

Corinna no fue la primera amante del rey. Su historial sentimental, conocido por políticos y periodistas, no se difundió nunca, porque entraba en la faceta más personal del rey, en su vida privada, y no tenía, o se suponía que no, por qué afectar a su desempeño como rey. Además, airearlo habría sido arriesgarse a dañar al rey que estaban creando. Un rey debe ser ejemplar, o aparentarlo, y la imagen de un monarca obsesionado por las mujeres era contraproducente. Pero el de Corinna, aunque el que más, no fue el primer nombre que trascendió. O que hicieron trascender, puntualizaría el detective.

En 1992 lo hizo el de Marta Gayá, una mallorquina con la que el rey mantuvo una relación sentimental durante años y que hoy se sabe que fue uno de los grandes amores de su vida, tal como lo etiquetan las revistas del corazón, o cuando menos fue una de las relaciones más largas y serias, por decirlo sin romanticismo. Los reyes, ahora también lo sabemos, pueden tener grandes amores, como sus súbditos.

Aquel año, desde palacio se quiso dar un toque de atención al rey, que se había escapado a Suiza con su amante y andaba descuidando sus labores. En el periódico *El Mundo* se publicó una noticia según la cual Juan Carlos había firmado una ley, un nuevo nombramiento en el Gobierno, sin estar en España. El rey, según dicta la Constitución, tiene como obligación firmar todas las leyes, un trabajo burocrático, intrascendente si se quiere, pero simbólico. Sin embargo, en aquella ocasión no se encontraba en Madrid, como aparecía en su rúbrica, sino en Suiza con su amante. Era un caso de falsedad documental. El delito no importaba, porque Juan Carlos era inviolable. Pero sí el hecho.

La filtración la realizó Sabino Fernández Campo, el jefe de la Casa Real. Quería frenar al monarca porque percibía que se le estaba yendo de las manos. Empezaba a olvidarse de ser rey para dejarse llevar por el hombre que era. Juan Carlos recibió el golpe. Fue duro, comprendió que era inviolable pero no intocable, que no era tan libre como quería, y además el nombre de su amante apareció publicado en algunos medios. Reaccionó con la rabia propia de quien ha sido descubierto. Cuando supo que el golpe se lo habían asestado desde dentro, destituyó a Fernández Campo. Lo consideró una traición.

Y ahora, tras la cacería de Botsuana, ¿a quién interesaba que trascendiera el nombre de Corinna? Eso es lo que debe investigar el detective. Ya conoce el escenario del crimen y sabe que se cometieron otros similares en el pasado. No es la primera traición perpetrada encima de sus alfombras. Tampoco será, como veremos, la última. Pero ahí ya no está Sabino. Hace dos décadas que se fue. Es más, cuando sucede el accidente de Botsuana lleva tres años muerto.

¿Será también esta vez el jefe de la Casa Real, fiel a la tradición de que el primer sospechoso siempre es el mayordomo?

El detective no se dejaría llevar por la primera impresión. Siempre suele ser el mayordomo, intuimos todos. Pero no, no siempre es el mayordomo, él lo sabe mejor que nadie.

Si se hiciera un listado de todos los inquilinos del palacio y se anotasen al lado los motivos que tendrían para cometer el crimen, la investigación aún se complicaría más, porque todos tienen un móvil. La relación de Juan Carlos y Corinna había ido demasiado lejos. O eso pensaba, probablemente, quien cometió el crimen. Pero ¿por qué en esta ocasión había ido tan lejos, cuando durante todo su reinado el rey fue encadenando amantes? Era, tal como lo definía la prensa italiana, el monarca más *tombeur de femmes* de Europa, el más seductor. Pero ahora se había convertido —ahí está la diferencia— en el más seducido. Corinna ya ejercía demasiada influencia sobre él. Tanta que el rey había perdido el rumbo. Era un hombre entregado a ella. Pero un rey no puede ser hombre.

Juan Carlos se había escapado, en secreto, era un viaje privado, para tomarse unas vacaciones de lujo en Botsuana y matar a un elefante. Igual que se fue a Suiza a ver a su novia mientras estaba firmando leyes en Madrid. Aquella escapada fue la que trascendió. ¿Cuántas más hubo que no llegaron a los periódicos, que no se permitió que trascendieran para que no se le olvidara que antes que amante apasionado era un rey comprometido? Si lo de Corinna trascendía, la relación se rompería. El rey despertaría a la realidad. Y si no se rompía, al menos se disimularía, que era lo que había hecho Juan Carlos siempre: disimular mientras seguía haciendo lo que quería. En cualquier caso, ella perdería influencia sobre Juan Carlos.

Aún hoy, más de diez años después de que su nombre

trascendiera, la lista de sospechosos es la misma. Pudo ser, sí, el jefe de la Casa, Rafael Spottorno, preocupado porque veía que el asunto escapaba a su control y que iba a perder al rey, que no dejaba de ser un hombre y cada día se estaba haciendo más mayor, en brazos de aquella mujer. Pudo ser el director de comunicación del palacio, Javier Ayuso, aliado de Spottorno entre las paredes de la Zarzuela, que veía cómo entre el caso Nóos y la cacería de Botsuana no cesaban de aparecer noticias sobre el rey y la familia y ninguna de ellas buena. Quizá buscaba un golpe de efecto para que la familia recuperase la ejemplaridad. O que, cuando menos, intentase aparentarla. Pero también pudo ser la propia familia. Felipe o Letizia, o ambos, también como llamada de atención a Juan Carlos, o incluso como venganza, para poner fin a su relación extramatrimonial. Como revancha por tantas décadas de infidelidades del rey a su mujer; de su padre a su madre. O una venganza de Letizia, a quien Juan Carlos nunca quiso en palacio. El rey creía que, con su matrimonio, ambos destruirían la monarquía, cuando lo cierto era que quien había puesto la corona en peligro, yéndose a cazar con su amante, había sido él. O incluso que, también a modo de venganza larvada durante décadas —la más fría de todas—, y aunque al hacerlo se expusiera públicamente como esposa engañada, lo hubiera propagado la propia Sofía...

El detective sostiene las idílicas fotos de la familia posando en verano delante del palacio de Marivent, en Palma, y sigue buscando sospechosos. En las imágenes aparecen Cristina e Iñaki, antes de convertirse en apestados, de ser vetados en todos los actos públicos y desposeídos de su título de duques. Pudieron contar lo de Corinna para desviar la atención del caso Nóos. ¿O lo hizo Elena, preocupada por su padre, o atemorizada por tener que compartir su herencia secreta?

Quizá el movimiento no llegó del interior del palacio, sino de los aledaños, y fue llevado a cabo por Félix Sanz Roldán, general del Ejército, buen amigo de Juan Carlos y director del CNI, el Centro Nacional de Inteligencia. Quizá considerase a Corinna una amenaza para el rey y, por consiguiente, una enemiga de España. O incluso por algún amigo del rey, inquieto al verlo mayor y encaprichado en una mujer con un perfil sospechoso. Cada vez que habían alertado al rey sobre ella, porque les preocupaba su pasado sentimental y su ambición, él los había rechazado iracundo.

El detective analizaría todos aquellos perfiles y concluiría que todos tenían algún motivo para filtrar el nombre de Corinna. Pero también habría concluido que todos podían salir perjudicados si lo hacían. Eso fue lo que sucedió. Pero eso no se sabría cuando se hizo, sino después. En palacio las cosas, además de despacio, como dice el refrán, a veces van también muy mal.

Para este momento de la narración lo importante de que trascendiera el nombre de Corinna zu Sayn-Wittgenstein no está en las consecuencias que provocó azuzando las llamas del viaje a Botsuana. Tampoco en los nuevos fuegos que iban a encenderse durante los meses siguientes. Ni en el gran incendio que aún tardaría en llegar y que sigue sin haberse extinguido. Felipe VI no camina como rey sobre cenizas humeantes, sino directamente sobre las brasas, como un faquir. Lo más importante en este momento es lo que siente la propia Corinna cuando se ve súbitamente expuesta como amante. Ella intuye, al igual que el detective, que el crimen es premeditado. No han sido los periodistas por sí mismos quienes la han descubierto. En Botsuana no los había. Ninguno de ellos sabía siquiera que el rey se había ido de caza. Era un viaje privado, y la Zarzuela nunca informaba sobre los viajes privados. Fue filtrado a propósito y con un propósito. Fue una operación de palacio. Ella ignora si se hizo desde dentro o desde fuera. Aunque eso tampoco importa. Se trataba de una estrategia para llamar al orden al rey y, sobre todo, para acabar con ella.

Corinna lo sabe, o lo intuye, porque no sólo ha trascendido su nombre, sino también la famosa foto antigua del elefante. Para ella, aquella imagen tras la cacería era, y seguiría siendo durante años, la prueba irrefutable del crimen. No lo dudó ni un momento. En aquel safari de 2006 en Botsuana, donde el rey mató a un elefante y después posó orgulloso con su cadáver, Corinna estaba con él, y tampoco había periodistas. Nadie podía tener esa foto. Sólo podía estar en palacio, en los álbumes del rey, o guardada por alguno de los hombres, asistentes y personal de seguridad que lo acompañaban. Si se hizo pública fue para hacerles daño. Para atacarlos. Y eso sólo pudo ser planeado y ejecutado desde palacio por alguien que quería que Juan Carlos se alejara de ella. Con esa filtración —de ahí su importancia en este momento del relato— comenzó una guerra de consecuencias incalculables entre Corinna y palacio. Una guerra que más de diez años después, como el mismo fuego que había desatado, seguía viva.

En esa foto, con esa filtración, comenzó Corinna a ver la operación tramada contra ella que continuaría después, agravándose, y que la llevó incluso, finalmente, a denunciar a Juan Carlos ante los tribunale británicos. Esa foto es su primera prueba de que todo estaba planeado y de que desde Botsuana se inició un ataque en su contra con filtraciones, amenazas y operaciones de acoso. La foto del rey con el elefante muerto provocó en Corinna una actitud victimista que llegó a rayar en la manía persecutoria, y la llevó a creer que existía una gran conspiración en su contra. Desde Botsuana, el elefante también seguía estando allí para ella.

Lo paradójico del caso es que la foto nunca fue filtrada. Alguien hizo que el nombre de Corinna trascendiera. Pero la icónica imagen del rey junto al elefante muerto, que habría de convertirse —simbólicamente, porque en la escala de hechos graves se encuentra muy por debajo de otros— en la plasmación del mayor error de su reinado, no formaba parte de ningún complot. Estaba colgada en la página web de Jeff Rann, el cazador profesional que aparece en la imagen junto a Juan Carlos. Estaba allí entre otras fotos de los safaris que promocionaba en su web personal, y el primero que reparó en ella fue Carlos Montagud, editor gráfico del diario *El Mundo*. Tras conocerse el accidente de Botsuana, aquel mismo día se puso a rastrear en Internet, buscando información e imágenes sobre cacerías de elefantes en Botsuana, y así fue como dio con la web de Rann. Mirando las fotos encontró esa, que resultaría fatídica para Juan Carlos. No era la única con el monarca. En otra aparecían ambos tras el cuerpo inerte de un búfalo negro. Pero fue la del elefante, como no podía ser de otro modo —por algo el rey había sufrido su accidente cazando elefantes—, la que se publicó en la portada digital del diario y a partir de ahí fue replicándose por todo el mundo. Más de una década después, Corinna aún no sabe, o no lo quiere saber, que la imagen de la traición urdida contra ella nunca fue tal. Jamás formó parte de una estratagema orquestada desde palacio. Pero la realidad no importa. Lo fundamental es que para ella esa era la primera prueba irrefutable del ataque.

Cuando sucedió el episodio de Botsuana yo trabajaba en la revista *Vanity Fair*. Tras desvelarse el nombre de Corinna zu Sayn-Wittgenstein, nos propusimos saber más sobre ella y dedicarle un extenso reportaje. Pasaron los años, pero lo que averiguamos entonces para mí siguen siendo las claves de su biografía. La silueta más nítida de su perfil. Sayn-Wittgenstein es una alemana de clase acomodada que creció en Brasil, donde su padre trabajaba para una aerolínea. Cuando era joven vivió y trabajó en París como relaciones públicas de una firma de moda. Allí aprendió francés esta mujer políglota, que habla un español perfecto, y allí conoció a su primer marido, el empresario estadounidense Phillip Adkins. Con él tuvo su primera hija. Después llegó el divorcio, un breve matrimonio con Casimir Sayn-Wittgenstein, un aristócrata alemán más joven que ella, príncipe, aunque en Alemania los títulos nobiliarios fueron abolidos hace un siglo, y el hombre con quien tuvo su segundo hijo, Alexander.

Tras la boda, Corinna cambió su apellido de soltera, Larsen, por el Sayn-Wittgenstein de su marido y empezó a usar, también, el título de princesa. Este apellido, que siguió utilizando tras haberse divorciado, es una de las pruebas a las que se suele recurrir para mostrarla como una persona arribista, socialmente hiperambiciosa. Y también como ejemplo de una persona que se hace pasar por lo que no es, en este caso una princesa, como si aún viviéramos en un mundo habitado por reyes, nobles y princesas. Lo cual no deja de ser cierto... Aunque en Alemania se abolieran los títulos y en España la nobleza no exista, sigue habiendo reyes y perdura esa aristocracia social. Más aún en Inglaterra, donde Corinna vivía tras su matrimonio con el príncipe alemán y donde sabía que ser princesa, o usar un título de princesa, abría puertas. Corinna exprimió durante años el título de su exmarido. Incluso firmaba sus documentos como princesa Zu Sayn-Wittgenstein.

Cuando el rey conoció a Corinna, esta ya se había divorciado por segunda vez, tenía dos hijos y vivía en Londres. Trabajaba como relaciones públicas y organizadora de cacerías de lujo en la armería Boss & Co, una de las más antiguas del país. Con una de sus escopetas se mató Ernest Hemingway. Juan Carlos y Corinna coincidieron por primera vez en esa finca de caza de Ciudad Real donde el rey recaló en uno de sus muchos viajes privados por España. Ella acudió a la cacería como acompañante del británico duque de Westminster, que era el dueño de la finca. El rey se la levantó, literalmente, si lo miramos como una conquista suya. O fue ella quien lo hizo y quien, además, cambió a un duque por un rey, también literalmente, si lo contemplamos a la inversa. O puede que, simplemente, ambos se gustaron.

Fueron más que amantes. Lo sabemos por la propia Corinna. Ella es la única que ha dado a conocer lo que pasó entre ambos, para lo bueno y para lo malo. El rey no habla. Los reyes no hablan. Salvo en Navidad, por supuesto. Estuvieron varios años juntos, compartiendo cama y también casa, como se supo pocas semanas después de la cacería de Botsuana. A menos de una veintena de kilómetros de la Zarzuela, también en el parque natural de El Pardo, el rey vivía con Corinna y su hijo Alexander en La Angorrilla, una vivienda usada anteriormente como pabellón de caza. Allí hicieron vida de familia, celebraron cenas de Nochebuena, muy distintas de las que yo me imaginaba en palacio después de haber escuchado al rey felicitando la Navidad, cenas rutinarias un lunes cualquiera —¿los lunes también son lunes para un rey?— y las fiestas de cumpleaños del hijo de Corinna. El rey trataba al niño, Corinna así lo ha dicho en muchas ocasiones, como a un hijo. De esta forma ella ensalzaba la profundidad de la relación entre ambos. Y también, con el paso de los años y de las batallas libradas, Corinna aprendió que así, al insistir en ello, hería tanto a Juan Carlos como a Felipe. Según ella la buena relación existente entre Juan Carlos y Alexander era una prueba del trauma, uno más, que Juan Carlos arrastraba como padre. El monarca pudo disfrutar de la infancia de Alexander sin filtros. En cambio, no pudo disfrutar de la de Felipe, según contaba ella que le había confesado Juan Carlos, porque Sofía se lo impidió, alejándolo de él como castigo por sus infidelidades.

Pocos meses después de conocerse, Corinna Larsen, o Corinna zu Sayn-Wittgenstein, como ella exige que la llamen, abandonó aquel trabajo y fundó su propia empresa con sede en Malta: Apolonia. Desde aquel momento dejó de ser relaciones públicas para convertirse en asesora estratégica de empresas y gobiernos. Con ello dio un salto cuantitativo, por los ingresos, y cualitativo, por el trabajo. Su idea: utilizar los contactos que durante años había acumulado para conectar personas y necesidades. Le fue bien. Muy bien. Tanto que, pocos años después, Corinna tenía casa en Mónaco y en Londres, clientes y cuentas bancarias por todo el mundo, sobre todo en paraísos fiscales, desde Suiza a Bahamas, y mantenía una intensa relación amorosa con Juan Carlos, que era uno de los hombres mejor conectados del mundo y que más puertas era capaz de abrir. Si las abría para los empresarios españoles, no es descabellado pensar que también las abriese para Corinna, que no era su amante, sino la mujer a la que amaba, y entre ambos conceptos hay un abismo de diferencia y de comportamientos.

Hay dos datos que, en mi opinión, siguen sobresaliendo años después en la sinopsis del personaje de Corinna. Nos los proporcionó Adkins, su primer marido, tras el accidente de Botsuana, cuando el nombre de su exmujer acababa de trascender. Él mismo nos reveló que también estuvo en Botsuana. Mantenía una relación muy cercana con Corinna y con su hijo Alexander, aunque el niño no era suyo, hasta el punto de que ella le propuso que los acompañara a la cacería. El safari era un regalo por el décimo cumpleaños de Alexander. El mundo es así, tan diferente que por sus diez años hay niños a quienes les regalan un elefante de juguete y a otros un viaje para ver cómo muere uno de verdad.

Adkins también es un gran personaje en esta historia. Pasó de ser el exmarido y amigo de Corinna a convertirse en íntimo de Juan Carlos y en enemigo público de ella. Durante los siguientes años, Adkins realizó las declaraciones más duras contra su exmujer. Entre otras cosas, la definió como una sociópata. Pero en 2012 todavía no se había producido el giro de guion que sobrevendría unos años más tarde, y el estadounidense aún hablaba a favor de ella. Fue por entonces cuando nos proporcionó estos dos datos que tanto me atraen.

El primero de ellos, que entre el rey y Corinna no había ningún tipo de relación inapropiada. Lo dijo empleando esa palabra, que es la que me interesa: «inapropiada». ¿A qué se refería? ¿Qué entendía él, qué entiendo yo, qué entendemos cada uno por una relación inapropiada? ¿Quién establece en qué consiste exactamente? Corinna y Juan Carlos mantuvieron durante años una sólida relación sentimental. Formaban una pareja estable, en paralelo al matrimonio de los reyes, que era una farsa en el ámbito personal y una alianza en el profesional. Como las parejas de cómicos que se odian cuando baja el telón.

Si realmente hacía décadas que los reyes no eran pareja, aunque en el registro así constara, y ambos lo aceptaban, o lo asumían, entonces la relación paralela de Juan Carlos y Corinna no tenía por qué considerarse inapropiada. En cualquier caso, entraba en el terreno personal de la pareja y de la familia. Otra cosa sería plantearse si un rey puede tener vida privada como el resto de las personas o si esa vida privada no existe. Las relaciones familiares son las que sustentan su cargo vitalicio, así como la herencia de padres a hijos. Se trata de una cuestión estética, o moral, por lo que el hecho de que tuviera amantes pasajeras o relaciones serias aquí no importa. No se trata de eso.

Cuando el rey se cayó en Botsuana y se fracturó la cadera se supone, porque así lo ha contado Corinna muchas veces, que ambos ya no eran pareja. Rompieron un par de años antes, según su relato, porque Juan Carlos le fue infiel. Ocurrió durante una época en que apenas se veían porque ella pasaba mucho tiempo en Alemania junto a su padre, que se estaba muriendo de cáncer. No le perdonó la traición —en esta historia no faltan traiciones— y la relación sentimental llegó a su fin. Pero no así la relación de amistad. En Botsuana, por lo tanto, ambos habrían viajado como amigos. Si sólo eran amigos, y puede que Adkins se refiriera a eso, ya no había relación inapropiada, aunque antes sí la hubiera habido.

Lo curioso, o lo paradójico, es que cuando trascendió todo y Botsuana se convirtió en un escándalo que demolía la popularidad de Juan Carlos, desde la Zarzuela nunca desmintieron que la relación era de carácter sentimental. Al contrario, se atajó el escándalo contando que el noviazgo se terminó tras la cacería. El director de comunicación del palacio, Javier Ayuso, decía, literalmente, que el rey estaba encoñado. Encoñado. Como un adolescente. Como un viejo obsesionado con una joven. Como alguien que pierde la cabeza por otra persona sin control y sin capacidad de razonar. «Encoñado» es alguien que se encoña. Pero también tiene algo de conjuro, de embrujo, como si fuera una responsabilidad compartida entre el encoñado y la persona objeto de encoñamiento. Esa fue la palabra que emplearon en la Zarzuela. No entraron a valorar si la relación era apropiada o inapropiada, pero por cómo decían que esta había terminado, y por el hecho de que Corinna se había marchado para siempre de España, daban por hecho que había sido inapropiada.

Ahora bien, había sido inapropiada únicamente por ser de naturaleza sentimental. Eso era lo importante. Que se entendiera que Corinna y el rey habían sido amantes. Como tantas mujeres lo fueron a lo largo de todo su reinado. Corinna era, según este relato, una de tantas. Una más. Así lo contó la Zarzuela. La única diferencia con respecto a las anteriores era que su nombre había trascendido a la esfera pública. Probablemente, apostillaría ahora el detective, porque a los mismos que decían que Corinna había sido una más les interesó que trascendiera. Concentrando el esfuerzo en mostrar que la relación había sido de carácter meramente sentimental, se desviaba la atención de otras posibles especulaciones. Se trataba de una historia para la prensa rosa, del corazón, de otro episodio en la vida privada del rey, y a lo sumo cuestionaría su ética como rey, o tal vez ni siquiera eso, sólo como marido.

Además, se insistía en que había terminado. Tras el escándalo de Botsuana, el rey había sido consciente de su error, como él mismo dijo ante las cámaras a la salida del hospital, y lo corrigió cancelando la relación. Esa palabra usaba también la Zarzuela: «cancelar». Como los contratos.

Todo ese esfuerzo y ese lenguaje atípico se emplearon,

sencillamente, porque era mentira. En aquel primer momento la historia de Corinna parecía casi bíblica. Como las tres negaciones de Pedro a Jesús. El discípulo negaba conocerlo, saber quién era y tener ningún vínculo con él. A Corinna la negaban la Casa Real, el CNI y los políticos. Unos decían que era una entre muchas, que ya no había relación; otros que no constaba; y los últimos que ni siquiera sabían quién era. Todos mentían.

La relación entre ambos, por supuesto, era sentimental, pero iba más allá de los encuentros esporádicos propios de unos amantes. Existió una doble vida y una doble familia. La que tenía Juan Carlos con Sofía y sus hijos, la Familia Real, y la que mantenía al mismo tiempo con Corinna y su hijo, otra familia real, pero esta con minúscula. Pero la relación entre ambos, y de ahí el esfuerzo y las mentiras, no era sólo sentimental.

El segundo dato al que aludía antes tiene menos morbo, o menos corazón, pero resulta mucho más atractivo para entender lo que sucedería después. Adkins, primero marido, después ex y por último enemigo visceral, contaba que fue él quien le descubrió la caza a Corinna. La llevó a África por primera vez y allí, viaje tras viaje, safari tras safari, animal tras animal, la convirtió en la gran cazadora que era. En la sabana africana le habló de los *Big Five*. Al igual que los montañeros con los catorce ochomiles, las montañas más altas del planeta que superan los ocho mil metros de altura, los cazadores también tienen sus picos más altos, los animales más cotizados: león, rinoceronte, leopardo, búfalo y, por supuesto, elefante. Adkins le enseñó a cazarlos. La convirtió en una experta en caza mayor. Corinna aprendió allí que con las grandes piezas primero hay que seguir su rastro, a veces durante días, y después dispararles a larga distancia. No es sólo cuestión de puntería. También de paciencia y perseverancia.

Y eso es lo que hizo, al final, con Juan Carlos. Cazarlo como un *Big Five*. Ir a por él, rastrearlo durante años, seguir su pista y dispararle desde la distancia. Las consecuencias de Botsuana desembocaron en una declaración de guerra. El amor se transformó en odio. Se dispararon desde ambas trincheras. Pero Corinna no fue la primera en abrir fuego. Y no porque trascendiera su nombre o ella pensara que habían filtrado la foto del elefante. Fue, sobre todo, por lo que sucedió después.

Esta parte de la trama también la conocemos porque Corinna la contó. No sólo lo hizo públicamente, sino que además lo reveló en los tribunales del Reino Unido, donde denunció al rey y a su amigo el general Sanz Roldán por acosarla y amenazarla.

Todo empezó pocas semanas después de Botsuana. De regreso a su casa en Mónaco recibió la visita de un grupo de hombres de aspecto poco amigable, vestidos de negro, que llegaron con una docena de cajas también negras, dispuestos a llevarse todos los documentos que tuviera sobre su relación con el rey. Juan Carlos le había anunciado la visita a Corinna. La justificó diciendo que era una decisión del servicio de inteligencia español para protegerla.

Su nombre había trascendido y necesitaban blindarla frente a los *paparazzi* y evitar que los documentos terminaran en las manos equivocadas. Corinna aceptó. No podía hacer otra cosa. Vio cómo los hombres saqueaban su vivienda y su oficina y llenaban las cajas con todo lo que encontraban, desde fotos hasta cartas de amor de Juan Carlos y otros documentos. Aquellos hombres no eran españoles. Trabajaban para una empresa de seguridad que la inteligencia española había subcontratado. A Corinna le parecieron más amenazadores que la amenaza fantasma de los *paparazzi* a la que se había referido Juan Carlos.

Las cajas debían viajar después a España y ser guardadas en la Zarzuela, bajo la custodia del rey, o en la sede del CNI, puestas a buen recaudo por los agentes que protegen al rey. Pero en un nuevo giro de guion propio de un thriller cinematográfico, la alemana, furibunda por el asalto premeditado al que la habían sometido, ideó, según su propio relato, una contraoperación. Acompañó a los hombres con las cajas hasta el aeropuerto de Niza, el más cercano a Mónaco. Una vez allí se ofreció a llevarlos a Madrid en un jet privado que tenía contratado: de ese modo evitarían viajar en un vuelo regular con tanta información sensible. Aceptaron. Las cajas fueron cargadas en el jet y Corinna les pidió los pasaportes para efectuar el registro de pasajeros. Mientras los hombres de negro aguardaban el papeleo para embarcar, Corinna se subió a bordo y dio orden al piloto de despegar y poner rumbo a Londres. Los hombres se quedaron en tierra. El material sigue en Londres, en poder de Corinna, a salvo en una cámara de seguridad. Las cajas contienen toda la documentación que prueba no sólo la naturaleza de la relación que mantuvieron, sino también hasta qué punto esta fue apropiada o inapropiada.

A la desastrosa operación del servicio secreto español en Mónaco se sumaron durante los meses posteriores, siempre según el relato de Corinna, una serie de amenazas proferidas por Sanz Roldán, el jefe de los espías. Tras el episodio de Mónaco, Sanz Roldán se reunió con Corinna en el hotel Connaught de Londres y la advirtió de que guardara silencio por su bien y por el de sus hijos. Según la narración de Corinna, durante aquella reunión el general también le pidió que mantuviera motivado al rey. Juan Carlos estaba atravesando un momento terrible con las secuelas de la caída y de las operaciones, y, sobre todo, con el desplome de su prestigio; se sentía muy solo y necesitaba todo el apoyo posible. Corinna debía hacer todo —absolutamente todo— cuanto estuviera en su mano para animarlo.

Según Corinna, la relación sentimental ya había terminado, años antes, por las infidelidades del rey. Según la Zarzuela, terminó súbitamente, tras la cacería, cuando el rey se comportó como un rey y escogió España antes que a Corinna. Una vez rota la relación, el jefe de los espías españoles le pedía a Corinna que hiciera todo lo posible por subirle la moral al rey... Alguien miente o nadie cuenta la verdad. Muchos capítulos y hechos de esta historia siguen sin cuadrar. No significa que no lo hagan. Todo, siempre, en realidad, cuadra. Pero no sabemos dónde.

Según contó ella, las amenazas siguieron durante años. Corinna se vio sometida a un hostigamiento constante a base de llamadas telefónicas, filtraciones a la prensa española sobre su vida privada y denuncias del propio Juan Carlos a amigos y conocidos acusándola de haberlo traicionado. Si la foto del elefante fue la primera prueba para ella de que iban en su contra, aunque jamás fue filtrada, a partir de entonces cada hecho nuevo que sucedió fue interpretado en esa misma clave. La realidad, por supuesto, era lo de menos. Por eso acusó repetidamente a muchos periodistas de ser agentes encubiertos del CNI o de trabajar para ellos. Así me sucedió a mí también. Cada vez que se publicaba algo que no le gustaba o que no encajaba con su relato, Corinna acusaba al autor de trabajar para la inteligencia española y de estar defendiendo al rey como siempre se había hecho.

Durante mucho tiempo mantuve una buena relación con Corinna. Ella en persona me habló de las amenazas que había recibido muchos años antes de que diera el paso de llevarlas ante los tribunales británicos. Mantuvimos varios encuentros en Mónaco y en Londres, e intercambiamos decenas de mensajes telefónicos y de correo electrónico. Pero, como no todo lo que escribí era lo que ella quería leer, pasé a convertirme en su enemigo y, automáticamente, según ella, en aliado del CNI y del rey. Como decía, todo me lo filtraba, o incluso me lo dictaba, el CNI.

No era cierto, por supuesto. Al contrario. Tras la cacería de Botsuana, el CNI, por orden del rey, presionó a la revista en la que trabajaba para que tuviéramos mucho cuidado, así nos lo decían, con lo que publicábamos. Tanto el CNI como la Zarzuela estaban extremadamente preocupados por lo que se contase de la relación. No les faltaban motivos. Por eso amenazaban sutilmente —pero amenazaban, a fin de cuentas— para disuadirnos de seguir indagando sobre Corinna y sus negocios. Nosotros también éramos responsables, insinuaban, de cuidar de la monarquía, porque era la principal institución del Estado. No sólo debíamos evitar dañarla, sino también protegerla. Juan Carlos se había quitado la corona y alguien tenía que sostenerla.

Para Corinna todo se interpretaba, y siguió haciéndose, en esa clave: la guerra que libraba contra su antiguo amante pasó a convertirse en una guerra abierta contra el servicio de inteligencia del Estado español. Era, se repetía la sensación, un thriller de película: una mujer enfrentada a un poder absoluto. Amenazada durante años. Perseguida. Una mujer a la que trataban de aniquilar hundiendo su prestigio, y con este su capacidad de hacer negocios. Vigilada y expuesta desde Londres hasta Nueva York. Sola ante el peligro. Cada vez más sola. Y convertida para ello, por supuesto, en la villana de la historia, en la mala de la película. En la bruja pérfida que quiere acabar con el buen rey que cometió el error —¿a quién no le ha pasado alguna vez?— de enamorarse de quien no debía. La rubia ambiciosa y sin escrúpulos que se aprovechó del viejo monarca para medrar, para que le abriera todas las puertas, para enriquecerse, y que no supo parar a tiempo porque siempre quiso más. El dinero llama al dinero y nunca es suficiente. Ese era el relato paralelo, como ella misma lo describió para negarlo.

Al convertir a Corinna en la villana del cuento, en la mala-sociópata del thriller, lograban que fuera percibida como una amenaza. Así, las acciones para neutralizarla que denunciaba estar sufriendo, aunque fueran ilegales, podían estar justificadas. Con ello se conseguía que Juan Carlos pasara a ser la víctima, aunque de víctima no tuviera nada. Y desviaban, además, el foco o el peso del relato. Corinna se convertía en la protagonista de la historia. Si se hablaba mayoritariamente de ella y toda la atención se centraba en su relación sentimental con el rey, no se hablaría de Juan Carlos ni de sus actos. Se los equiparaba como actores principales de la trama, dándoles el mismo nivel de importancia a pesar de que, una obviedad que no lo fue tanto, el rey y jefe de Estado era sólo uno de los dos y de que la otra no ostentaba ningún cargo público. Ni siquiera era española.

Era una estrategia inteligente. Pero no basta con planearla y desarrollarla. Es necesario que funcione. Lo que desde entonces vivieron los dos, Juan Carlos y Corinna, fue una guerra cruenta y sucia. Y no por amor. No eran una pareja sacudiéndose los rencores en público.

En esta guerra cada uno tenía sus aliados. Los periodistas que hablaban muy bien de Corinna no trasladaban su relato porque realmente lo creyesen o lo hubiesen contrastado, sino porque estaban protegiendo a una suculenta fuente de información. Corinna, teniéndola a favor, era capaz de suministrar exclusivas que amenazaban la estabilidad de la corona o de filtrar fotos que exponían a Juan Carlos. En una de ellas, probablemente con la que más lo logró, aparecía el rey con un bañador amarillo, las piernas al aire y una gorra volteada en la cabeza preparando una barbacoa. Es una imagen de la vida familiar que hacían Corinna y él en el chalé que compartían en El Pardo, tan cerca del palacio de la Zarzuela que resulta al mismo tiempo inquietante y cómico. Pero fuera de contexto es la imagen de un rey convertido súbitamente en un hombre ridículo.

Si el símbolo se había construido con imágenes, como la del rey vestido de capitán general del ejército parando el golpe de Estado en televisión, también podía demolerse con imágenes. Como la del elefante. O la de la barbacoa. Los aliados de Corinna sabían, además, que la manía persecutoria que desarrolló no permitía crítica. Se estaba con ella, radicalmente, dijera lo que dijera, o contra ella. No había margen para grises. Ni para la realidad.

Al otro lado estaban, en cambio, quienes aceptaron y desarrollaron el relato de que ella era la malvada, la enemiga del Estado y la amenaza porque se aprovechó de un pobre hombre que, en la recta final de su vida, se enamoró de quién no debía. Es fácil comprar la narración porque es el argumento de muchas historias, desde el cine a la literatura. La mujer que enamora al millonario anciano hasta la enajenación para terminar casada con él y convertida en su heredera.

Este es, básicamente, el retrato que Corinna denunció que sus enemigos hacían de ella para aniquilarla. Una rubia ambiciosa sin escrúpulos. Ella lo negaba. Alegaba que la suya fue una historia de amor profundo y que no necesitó al rey para sus negocios. De él sólo buscó lo que tuvo hasta que dejó de tenerlo: amor y lealtad. Lo interesante de este relato, se niegue o no, es la base del mismo. En esas historias tópicas de mujeres que embrujan al anciano millonario que ansía sentirse joven, el hombre es eso: millonario. En este caso la mejor herencia que tenía el rey, se suponía, era la corona y ya estaba adjudicada. O, como mucho, lo que hubiera ahorrado con su sueldo como rey. No debía haber herencia más allá. Pero la había.

La historia da aquí otro giro. Es el crucial. El que haría, además, que al detective se le abrieran los ojos cuando repasara los detalles del crimen de la filtración. El que permite comprender mejor todas las reacciones. Como la que tuvieron en la Zarzuela cuando decían que el rey estaba encoñado y que Corinna era una más. En junio de 2012 el rey Juan Carlos transfirió 65 millones de euros desde una cuenta en Suiza a otra en el mismo banco a nombre de Corinna. Una cantidad desmesurada. Fue, según ella, un regalo del rey por amor. Ya no estaban juntos, pero con aquel dinero quiso demostrarle el cariño que les profesaba a ella y a su hijo Alexander. Para ello firmó un contrato, exhibido por Corinna públicamente, de donación. De donación irrevocable.

La etimología de las palabras es fundamental también aquí. Sobre todo judicialmente. Una donación equivale a un regalo. Ese concepto fue, años después, la mejor defensa de Corinna cuando se abrió una investigación en Suiza para averiguar si el rey y ella habían blanqueado dinero. Irrevocable, además, expresa que no hay marcha atrás. En eso insistía ella. Juan Carlos, en cambio, se pasó años, pese a ser supuestamente un regalo, reclamándoselo de vuelta y acusándola de habérselo robado. Todo esto, por supuesto, lo contó Corinna. Juan Carlos siempre guardó silencio.

Sesenta y cinco son muchísimos millones. Demasiados. Una cantidad que figuraría entre los divorcios más caros de las estrellas de Hollywood. Pero, sobre todo, es una cantidad que condiciona toda la historia, el thriller que ambos protagonizan desde Botsuana. La historia de amor secreto, y la relación perseguida desde palacio para frenar a un rey que se olvidaba de serlo, se transforma así en una lucha por dinero. La disputa por 65 millones de euros que una tiene y antes no tenía y que el otro reclama porque los tuvo y dejó de tenerlos.

En esa clave de la historia de amor contó Corinna, también, que recibió un regalo tan disparatado porque el rey pensó que con esos millones podría recuperarla. Al ver que no funcionó se enfureció y empezó a reclamarle que se lo devolviera. Según esta versión, los 65 millones eran, aun así, un regalo y por lo tanto estaban libres de sospechas judiciales. Al menos para ella, por supuesto. Las sospechas sobre cómo y por qué tenía Juan Carlos 65 millones de euros escondidos, que regaló después a una exnovia, son las que terminaron por demoler el símbolo. Los hechos que se conocieron a partir de ahí provocaron una avalancha de acontecimientos insólitos. El desliz de Botsuana se queda, frente a ellos, convertido en anécdota, aunque se mantiene como el momento que marca el comienzo del fin.

Esos 65 millones tan inverosímiles para un regalo son lo que más oscurece el relato minuciosamente elaborado y retocado durante años de Corinna. Ella ha hecho entrevistas en las que ha contado su versión. Ha participado en series documentales en formato pódcast y audiovisual donde se explaya en detalles y se recrea haciéndolo. Y ha filtrado, además, información en medios españoles y extranjeros. Su transparencia enfrentada a la opacidad de la corona. En teoría. Su relato prevalece. Pero ¿convence?

Corinna podía ser víctima de una campaña de acoso. Pero también era la mujer cuyo perfil profesional se propulsó cuando se convirtió en la pareja del rey y la exnovia que recibió 65 millones de euros sin hacer preguntas. Era la misma Corinna a la que ya en Londres, cuando conoció al rey, algunos conocidos veían con más ambición que escrúpulos. De ella decían entonces, recurriendo a un dicho inglés, que ansiaba subir por la escalera: de un empresario americano a un príncipe alemán; de un príncipe alemán a un duque inglés; de un duque inglés a un rey español...

Este, por supuesto, es un relato machista. No se diría lo mismo de un hombre. La sociedad es así. Y la inglesa aún lo es más, con su aristocracia y sus títulos. Machista y clasista. Así también lo expuso Corinna para justificar los ataques que sufría: una mujer libre en un mundo de hombres; una mujer que despertaba celos y envidias entre otras mujeres. Quizá llevase razón. La descripción negativa podía ser falsa e injusta. Pero, incluso así, también condicionaba el relato y es lo que aquí importa. La historia que se contaba, el relato y la imagen, no los hechos verdaderos, porque no se disponía de ellos y de quienes los conocían dudamos que dijeran la verdad o sabemos que directamente mentían.

Corinna Larsen, o Sayn-Wittgenstein, el apellido no altera la trama, aprendió con su primer marido a cazar los *Big Five* de África. A caminar siguiendo sus huellas, a acecharlos, a apuntarles y a derribarlos a larga distancia en plena sabana. Era la mala de la historia. La amante despechada y astuta que quiso rentabilizar su relación con un rey adicto a las mujeres. La responsable de que el pobre monarca, en su vejez, cometiera un desliz, se dejase obnubilar por sus encantos hasta el encoñamiento y se olvidara del trono.

Un rey también es un hombre. A veces es bueno recordarlo para que no resulte sospechosamente artificial. Esa idea la propagaron desde el bando del rey aquellos que lo defendían incluso mientras Juan Carlos dinamitaba su estatua. Fueron a por ella para silenciarla e impedir que les estropeara el plan. Los argumentos de la Zarzuela nunca eran replicados. Por eso funcionaron siempre tan bien. Y así debía continuar. Corinna era una amenaza por lo que sabía. Si lo contaba, como al final sucedió, podía derribar al rey, demoler una obra que habían tardado cuarenta años en construir.

¿Fue otra profecía autocumplida? Corinna acabó hablando. Con cada nueva entrevista, aprendió más. Descubrió que tenía mayor libertad que su enemigo para hacerlo. Aunque no tuviera un ejército de espías, ni un Estado, a su favor. Y ya no se calló. Tal vez, si se hubiera gestionado de otra manera, como ella misma dijo, nunca lo habría hecho. Quizá, si no hubieran existido los 65 millones de euros, nada habría pasado. Ya no importa. Con su relato fue revelando la intimidad de la relación y la tramoya del rey. Corinna era la mala de la película, pero pasó a convertirse también en víctima. Todo, gracias a su relato. Quizá fue más astuta de lo que esperaban. O menos cobarde de lo que imaginaban. O más ambiciosa de lo que se temían. De amenazada a amenaza. Para Juan Carlos, pero también para Felipe y para la corona de Leonor. De perseguida a perseguidora. De trofeo de caza en el currículum de un rey mujeriego a certera cazadora de una pieza aún en mayor riesgo de extinción que los *Big Five*.

5

Los villanos
también tienen corazón

V: *Good morning...*

C: *How are you?*

V: ¿Cómo estás? *How are you?*

C: Bien, gracias.

V: ¿Qué tal? ¿No ha venido Juan todavía?

C: Todavía no.

V: Ah, bueno.

C: Pasa por aquí...

V: Perfecto.

C: ¿Quieres tomar algo?

V: Eh, un té, si puede ser.

C: ¿Un té? ¿Earl grey?

V: ¿Verde?

C: ¿Verde? Sí, tenemos.

V: Gracias. Caramba, fascinante... ¿Es, es...?

C: Una hiena.

V: Una hiena. ¡Caramba!

Llama al timbre y carraspea antes de que abran. Al otro lado de la puerta del apartamento de lujo en Eaton Square, en el barrio de Belgravia, a unas pocas manzanas del palacio de Buckingham, está la, ahora ya, examante o exnovia del rey Juan Carlos. Estamos en la primavera de 2015, y así comienza uno de los encuentros más exóticos y extraños de la historia reciente de España: el de Corinna Larsen con José Manuel Villarejo.

Conocemos los antecedentes. Un año antes Juan Carlos ha abdicado. Su relación con Corinna ha empeorado, aunque aún no se ha desatado todavía la guerra. Pero ella se siente perseguida y amenazada por el servicio de inteligencia español desde que tres años atrás regresaran de urgencia de la cacería de Botsuana. Juan Villalonga le ha propuesto este encuentro a Corinna. Villalonga es expresidente de Telefónica, pero, sobre todo, marido de una íntima amiga suya. Quiere presentarle a un inspector de policía y abogado que es, le ha dicho, como un hermano para él. Cree que puede asesorarla y quizá apoyarla en su lucha contra el CNI español. Corinna ha aceptado. Recibe a ambos en su casa de Londres.

Villarejo, que todavía no era el célebre comisario Villarejo, llega unos minutos antes que Villalonga. Enseguida aparecerá también él en escena. Será su primera reunión. Un año después Villarejo y Corinna tendrán una segunda cita, también en Londres, que comenzará en ese mismo apartamento y se prolongará con una cena en un restaurante italiano. Todo esto no lo sabemos porque lo contaran sus protagonistas, sino porque Villarejo grabó aquellos encuentros. Por eso conocemos exactamente cómo fueron las conversaciones. Y por eso lo oímos carraspear, calentando la voz para el encuentro, quizá comprobando la recepción de la grabadora o tal vez, por qué no, sacudiéndose los nervios, como los actores, antes de entrar en escena.

V: Yo le agradezco mucho que podamos conversar.
C: Sí... Espera, le voy a mandar un mensaje [a Villalonga] para decirle: «Ya está aquí conmigo».
V: Muy bien. Creo que, además, se iba de viaje usted también...
C: No, no pasa nada... Yo tengo un viaje hoy a Estados Unidos. Me voy a las once y media. Algo así. Tenemos tiempo...
V: Yo creo que sí tenemos...
C: Entonces ¿qué pasa en España?
V: Bueno...
C: Muchas cosas...
V: Ya le he explicado un poco quién soy y todas esas cosas... Yo, por encima de todo, soy muy amigo de Juan. Son muchos años, y para mí la lealtad es mucho más importante que casi el resto de las cosas. Porque soy relativista, y entonces me gusta... Los conceptos absolutos casi siempre los rechazo, ¿no? Entonces,

hace unos meses, él me mostró cierta preocupación hacia usted. Me dijo: estoy un poco preocupado que mi amiga y tal, no sé qué, ¿por qué no miras un poco qué está pasando, etcétera, etcétera? Efectivamente, yo estuve mirando. Y le dije: ya tengo algún dato interesante que comentar, pero obviamente con toda la discreción del mundo...

C: Porque ni usted ni yo...

V: No estamos aquí.

C: No, nunca...

[...]

V: Entrando un poco en el asunto. ¿Qué ocurre? Que mostré, digamos, el interés adecuado y tal. Y efectivamente, dentro de lo que es, partamos de la base de que yo como jefe de policía le tengo mucho respeto al CNI, claro, pero a determinado CNI. Es decir, yo distingo perfectamente la institución. Yo he trabajado mucho el tema antiterrorista y me he encontrado a colegas del CNI, en Somalia, Irak, Afganistán... Gente dura, gente que se juega la vida. Lo que no me gusta luego son los siervos de la gleba.

C: Los que se la están jugando políticamente.

V: Eso es, eso es... Y lamentablemente, ahora mismo el actual jefe, pues está rodeado de un grupo de gente que nunca ha pisado la calle, que son los moquetas, les llaman los moquetas, ¿no?, porque son gente que solamente pisa moqueta, ¿no? Y esta es la gente que ha generado una actitud de proteger al señor. Por lo tanto, hay que destruir todo riesgo, exista o no. Si no existe lo inventamos, porque aquí somos importantes.

C: Exacto. No están haciendo más que inventarse.

V: Sí, no hay duda.

C: Lo que me sorprende es que un servicio muy profesional no entiende que haciendo estas cosas incluso crea un peligro.

V: Hacen un daño, efectivamente.

C: ¡Que no hay!

V: ¡Que no hay!

C: ¡Que no hay! ¡Totalmente! Si dejan a la persona tranquila, no pasa nada. Pero si de repente están contando cosas que no son verdad a la gente, haciendo mucho ruido, se pueden encontrar que esta persona vaya a...

V: Defenderse.

C: A dar explicaciones, a defenderse. Y eso están haciéndolo este tiempo. Y a mí me preocupa. ¿Qué están haciendo? ¿Es falta de inteligencia? Están jugando a un juego, eso es, ¿cómo se llama? *phantom enemy...*

V: Sí, sí, el enemigo fantasma. Efectivamente. Pero yo te ayudaré, yo te ayudaré.

Crear un héroe de cómic es sencillo. Sus dibujantes saben que hay trucos eficaces, como pintarles una cabeza más pequeña, que no guarde la proporción con el cuerpo, para que así luzcan más grandes, fuertes y poderosos. Pero también saben que es mucho más interesante crear villanos. Los superhéroes tienen una cara. Son buenos y deben hacer el bien. Están solos. Tienen superpoderes. Los archienemigos, los malos, son seres más complejos. Ingeniosos, únicos. No tienen que preocuparse por ser buenos ni jugar limpio. Pero aun así pueden ser elegantes, encantadores y educados. Y, al mismo tiempo, letales. El villano es una persona que se ha transformado. Ha sufrido una evolución psicológica de años, desde una infancia con la que los psicoanalistas se frotarían las manos y los talonarios, y también un cambio físico, ya sea por radiactividad, por un caldero de ácido o por una menos corrosiva y más meditada selección de estilismo.

Aquí, en este apartamento londinense de decoración clásica y sobrecargada, con fotos de cacerías en los estantes, se reúnen dos villanos de película. Uno de ellos es mujer. Rubia, elegante, inteligente y políglota. Astuta. Muy ambiciosa. Se hace llamar princesa. Ya ha cumplido cincuenta y un años, y lucha contra el tiempo con tratamientos de bótox, para las arrugas, y de ácido hialurónico en los labios. Presume de tener contactos y negocios en todo el mundo. Colecciona arte y joyas. Si hay que creer la versión oficial, es una arpía de manual. La mujer malvada que ha herido al rey español y que se ha convertido en su gran amenaza. Una amante despechada que busca obtener dinero chantajeándolo. No quiere dejar la relación con las manos vacías. Y no es la primera con la que sucede.

Pero Corinna no es sólo la amante de esta versión. Lo suyo con Juan Carlos no fueron escarceos sexuales. Estuvo con él. Lo vio. Lo acompañó en sus viajes al extranjero, privados, de los que no se informó nunca, durante los cuales no se sabía lo que pasaba. Vivieron juntos bajo el mismo techo. A Corinna, según contará ella, Juan Carlos le pasaba los informes y la documentación que él, y sólo él, debía leer por su condición de rey, para que se los leyera ella, porque a él lo aburrían. Corinna no sólo posee secretos de la intimidad del rey. También puede tenerlos de Estado.

El otro villano es hombre, español, corpulento, con un deje áspero y chulesco al hablar. Se le dan mal los idiomas y confiesa que eso lo limitó siempre en su trabajo. Chapurrea el francés porque se lo enseñó una novia de juventud. Aún es policía, aunque está a punto de jubilarse, y como policía ha trabajado en misiones antiterroristas, en España y en el extranjero, en las que se jugó el pellejo. Durante décadas ha sido una sombra, un hombre al que se recurría para las misiones que no podían constar, las que rozaban la ilegalidad o la alcanzaban directamente. Pero ahora se ha convertido en un enemigo del Estado español.

Cada uno libra su propia batalla. Con este encuentro van a declarar una guerra.

Villarejo, ya lo sabemos, hemos oído el carraspeo, empieza a grabar el encuentro antes de llamar al timbre. Seguirá grabando una vez que abandone la casa, junto a su amigo Villalonga. En la grabación se escucha cómo ambos celebran su botín: la información que han extraído de Corinna. «De puta madre», exclaman. «Vamos a ganar mucho dinero con esto», se dicen también. Están eufóricos y lo celebran en la calle, mientras buscan un taxi, como niños que han marcado un gol.

Corinna no sabe que todo lo que dice, en esa primera cita y en la que repetirán un año después, está grabado. Lo descubrirá tres años después, en pleno verano de 2018, cuando las grabaciones sean filtradas a dos periódicos digitales. Pero, para cuando eso suceda, Villarejo ya no será policía. Se habrá jubilado como comisario y, lo más importante, estará en la cárcel. Allí habrá entrado ocho meses antes, de forma preventiva, acusado de organización criminal, cohecho, blanqueo, descubrimiento y revelación de secretos, extorsión y falsedad documental. Pero allí, en prisión, no quiere estar, como es lógico. Al igual que Diego Torres, el socio de Urdangarín, no está dispuesto a caer. O, cuando menos, a caer él solo.

Corinna no es la única persona a la que Villarejo ha grabado a escondidas. Durante años ha hecho lo mismo con periodistas, políticos, fiscales y empresarios. También con agentes del CNI. De hecho, gracias a una de esas grabaciones, años más tarde obtendremos la confirmación de que lo que contaba Corinna era cierto. El asalto de su casa en Mónaco realmente se produjo. En una de sus grabaciones, de octubre de 2015, pocos meses después de haber visto a Corinna en Londres, Villarejo habla con dos altos mandos del servicio secreto. Les cuenta que ella se sintió atacada cuando le enviaron, así los llama, «a los chicos aquellos a Mónaco», a «los mercenarios aquellos», como repite después. Ninguno de sus interlocutores le pregunta de qué está hablando ni lo desmiente. Ambos saben perfectamente a qué se refiere el policía. También les revela que Corinna se fía de él. Villarejo ya estaba jugando a dos bandas. O a más...

Tras su detención le han incautado más de veinte terabytes de información. Son los archivos de sus grabaciones secretas. Están encriptados y él se niega a dar a los investigadores las claves para desbloquearlos. Pero desde su entorno se lanza un aviso: ese material puede sacudir los cimientos del Estado. Es una amenaza sutil. Su comodín, como en los juegos de mesa, para salir de la cárcel. Significa que, o sale él de prisión, o empezarán a salir los audios. En este contexto aparecen las grabaciones con Corinna. Apuntan a lo más alto, a la cima de la estructura del Estado: al rey.

V: Qué pena que no lo grabaras. Vamos a decir que lo grabaste...

C: Pero es que yo no soy...

V: Pero a todos los efectos, Corinna, tú lo has grabado. Te digo: eso métetelo en la cabeza. Y eso existe, ¿sabes? Porque eso solamente lo sabes tú. Yo no he oído nada. ¿Por qué? Porque de verdad hay que ser muy tonto para que el propio jefe del CNI... Un cretino... todo esto para sentirse importante. Para que le diga al señor: esto lo voy a hacer yo personalmente, porque no me fío de nadie. Este es un tema muy delicado. Por favor... ¡Serás tonto! ¡Manda a un tipo que al día siguiente desaparezca y ya no exista! Es lo que se hace normalmente. Así se trabaja en cualquier servicio occidental de inteligencia. Pero bueno, no vamos a entrar... Punto uno: lo que necesites, a muerte. Punto dos: yo tengo un servicio de inteligencia mejor, cien millones de veces, de verdad, hazme caso.

C: A mí no me impresionan mucho...

V: Es un pobre hombre. Ojo, eso es lo peor. Entonces, vamos a trabajar como si los de enfrente fueran el KGB, como si fueran listos de verdad. Y entonces vamos a estructurar unas contramedidas para que cuando algún día decidan, porque en el fondo es amenazar, pero no hacer. Van y le dicen: señor, ya tenemos esto. Bueno, pero si vuelve, lo dejamos. Decirle que por qué no vuelve no sé qué... Esa es la historia. Es un hombre que está chocheando y que no asume las cosas y que, además, tiene la impunidad psicológica en la cabeza.

C: En mi opinión, está haciendo algo que es como una operación de suicidio.

V: O mía o de nadie... Algo así, ¿no?

C: Tiene muy poco sentido.

V: Conmigo han intentado lo mismo. Y te puedo decir que yo tengo humildes secretos para hacer un poquito de daño y tal si me tocaran las narices. Lo que pasa es que yo, como tú, soy un hombre prudente y tal...

C: Es que no son muy inteligentes.

V: Y van a seguir, y van a seguir... Porque la vida de Félix depende de que el problema tuyo no se acabe. Si tu problema se acaba, ya no está...

C: Yo soy el cisne dorado.

V: Totalmente.

V: Entonces ¿cómo me puedes ayudar?, de alguna manera el actual jefe del CNI, Félix, este chico que te visitó, es muy estúpido. ¿Cómo se le ocurre al jefe del CNI venir en persona a amenazarte? ¿Cómo?

C: Sí, me ha amenazado, mi vida y la de mis hijos.

V: Eso no se puede permitir. Es un enano, un trol miserable.

C: Pero eso lo sabía el rey. Eso lo sabía el rey ya. Lo mandan. No quieren saber lo que hacen. Pero no sé, es un poco bruto. Es como la mafia, don Corleone...

Todo villano debe tener un enemigo: el superhéroe. Eso es lo que formó esta extraña pareja: Corinna y Villarejo comparten adversario, poseen un enemigo común. Lo llaman «el trol». El trol, «ese chico que te visitó», como dice el policía, de chico, con setenta años, no tiene nada. Félix es Félix Sanz Roldán, el director del CNI. Y la visita de la que habla el comisario es la que le hizo a Corinna en el hotel Connaught días después de la cacería de Botsuana, cuando su nombre ya había trascendido. Sanz Roldán es también quien, supuestamente —aquí no hay pruebas, aunque parece obvio—, dio la orden para que el grupo de mercenarios contratados por el CNI asaltaran su casa y su oficina de Mónaco. Villarejo tiene una guerra abierta desde hace años contra él. Teme, o sabe, que Sanz Roldán quiere acabar con él exponiéndolo públicamente y, una vez que salga de la zona de sombras que habita, cuando sea iluminado, que caiga. La suya es una disputa personal, encarnizada, pero también es una batalla por el poder y la influencia. Sanz Roldán es el jefe de los espías. Pero de los espías del CNI. Villarejo, un personaje que siempre ha manejado mucha información. Representa la policía como un servicio paralelo o alternativo de inteligencia al del CNI. La de ambos es una guerra más o menos silenciosa y todavía secreta, porque no ha trascendido. Lo hará poco después, cuando el comisario deje de ser comisario y sea encarcelado.

La guerra de Corinna, en cambio, ya ha empezado a trascender. Ella misma, cuando se reúne con Villarejo, ya ha hablado en algunas ocasiones de ello para denunciar las amenazas recibidas desde que todo estallara con Botsuana. Entre ellas, como me contó a mí dos años antes, además del asalto de Mónaco, apareció en su casa de Suiza, una vivienda de lujo en los Alpes, un libro sobre Diana de Gales, y pocos días después recibió una llamada en la que una voz sin identificar la advirtió de que debía tener cuidado porque entre Mónaco y Niza, el aeropuerto más cercano, desde donde voló en su jet dejando en tierra a los mercenarios, hay muchos túneles. Lady Di murió en un túnel de París mientras escapaba de los *paparazzi*. Décadas después de que sucediera, siguen barajándose distintas teorías de la conspiración sobre un accidente que pudo no serlo. Corinna comprendió el símil.

Sanz Roldán, al contrario que Corinna, jamás habló públicamente de todo esto. No lo hizo mientras estuvo al frente del CNI, entre 2009 y 2019, ni después, ya retirado. No es un hombre que se esconda. Pero eso no significa que vaya a exponerse. Daba charlas en universidades, en congresos de militares e incluso ante periodistas en la apertura de cursos de periodismo. En esos encuentros contó, por ejemplo, que una de las cosas malas de los militares es que deben ir directos al objetivo; que muchas veces no tienen tiempo de desarrollar un concepto o una estrategia cuando necesitan actuar con inmediatez. También dijo, bromeando, que cuando le nombraron jefe del espionaje español esperaba que su coche oficial fuera un Aston Martin, como el de James Bond, pero que ni su coche, ni su trabajo, se parecían a los de los espías del cine.

La única vez que Sanz Roldán se refirió a Corinna, y que pudimos escucharlo, fue porque no le quedó más remedio. Le preguntaron por ella en un juicio contra Villarejo en el que él era parte, y que pasó casi desapercibido, aunque por sí mismo hubiera dado para una película. El jefe de los espías había denunciado al comisario, el agente secreto por excelencia de la policía española, por injurias, porque Villarejo participó en un programa de televisión revelando que Sanz Roldán había amenazado de muerte a Corinna. Un juicio de esta naturaleza también resulta, como el encuentro entre Corinna y Villarejo, más bien insólito. De las sombras, del secreto, a las luces. Dos miembros de la seguridad del Estado, dos agentes secretos, o casi, peleándose públicamente, acusándose mutuamente, llevando hasta los juzgados su guerra personal.

Para hacerlo todo más rocambolesco, Villarejo, además, saldría absuelto. Y Corinna, en un giro fascinante de los acontecimientos, declaró a favor del excomisario, a pesar de que ya habían trascendido sus conversaciones grabadas, confirmando las amenazas. En su guerra contra Sanz Roldán no importaba que el policía la hubiera traicionado. El enemigo común era tan fuerte que Villarejo y Corinna continuaban siendo aliados.

Sanz Roldán se refirió en aquel juicio a las acusaciones del asalto en Mónaco para rechazarlas. Él, dijo, nunca había actuado fuera de España. En cambio, su cita con Corinna en Londres nunca la negó. En la Comisión de Secretos Oficiales del Congreso, que es eso, secreta, pues no trasciende ni puede trascender nada de lo que en ella se trate, confirmó a los diputados que el encuentro se produjo, pero, ofreciendo una versión radicalmente opuesta a la de Corinna, les dijo que no sólo no la amenazó, sino que ella le pidió protección. De nuevo, otro abismo entre los dos relatos de un mismo acontecimiento.

Sobre Juan Carlos, en cambio, Sanz Roldán nunca dijo ni dice nada. Afirma rotundamente que ni siquiera habla del rey con sus mejores amigos, por mucho que le insistan. Si lo hiciera, se justifica, podría incurrir en errores, porque él no es, como ha afirmado textualmente, «el guardián de sus secretos».

Todo eso, por supuesto, no es cierto. Quizá no sea el guardián de los secretos, así, en singular, el único, pero sin duda sí es uno de ellos.

Esta no es una historia de héroes y villanos. Así querrían que fuera desde ambos bandos. Una historia de buenos y malos simplifica el relato. Por eso el relato de los hechos es fundamental. Más que los hechos en sí. Ganar ese relato, que prevalezca la propia versión, cambia drásticamente los papeles de unos y otros. Al rey Juan Carlos, y a aquellos que lo defendían y protegían, les interesaba, por supuesto, que se transmitiese la idea del rey bueno, del héroe —aunque no lo fuera—, y de la malvada mujer buscando venganza. En ese relato Villarejo era un personaje secundario, pero relevante, porque sus grabaciones dieron un giro, un punto de inflexión, o de explosión, en la trama.

Sobre Villarejo no necesitaban construir ningún relato. Juan Carlos no fue el único al que apuntaron sus flechas en formato MP3. Las numerosas causas judiciales abiertas contra él lo exponían como un villano sin necesidad de construir su personaje. Centrar la atención en Villarejo permitía, además, desviarla del rey. De hecho, era el gran villano del Estado. O contra el Estado. Se atacaba al mensajero, el policía oscuro que lo había grabado todo, para no entrar en el mensaje, en lo que decían las grabaciones.

Pero si se cambia el enfoque sucede lo mismo. Corinna era, según su propio relato, la víctima de la historia. La mujer que se enamoró de un rey que le fue infiel, al que cuidó y protegió, y contra quien fueron, en cambio, culpándola de todos los males de la corona. Ella no los provocó. Fue el propio rey. Pero al responsabilizarla a ella, y, sobre todo, al darle todo el protagonismo, desviaban la atención del monarca. Era un truco básico, no ya de magia, sino de comunicación.

En aquel escenario, Corinna, como repetía incesantemente, no era la mala, la rubia codiciosa del dinero del anciano desvalido, sino la víctima del corrupto sistema de poder de un país cuyo servicio de inteligencia se ponía a las órdenes del rey para encubrirlo. Hasta que, por fin, pasando de villana a heroína, decidió sacudirse los miedos y sacarlo todo a la luz. Su demanda en Londres contra el rey por acoso, amenazas y difamación se lee, bajo ese filtro, como un caso judicial contra un poder viciado ejercido impune e ilegalmente. Corinna, que negaba ser la mala, la villana, se reivindicaba como víctima, y además aspiraba a ser, dándole un giro completo a la historia, la heroína. Con la causa en Londres buscaba justicia para ella, pero con aires de universalidad. Esto, por supuesto, como relato. Como relato suyo. Porque también buscaba dinero: hasta 150 millones de euros reclamaba como indemnización en una causa que probablemente no hubiera llegado a juicio porque cabía la opción del acuerdo previo.

Frente a ese relato y la denuncia, el rey invocó su antigua inmunidad como jefe de Estado, y los jueces británicos, en una primera decisión contraria a Corinna, la aceptaron. No podía ser juzgado por ningún acto que hubiera llevado a cabo siendo rey. La segunda decisión que finiquitaba la demanda establecía que un tribunal británico no era competente para juzgar sus demandas, pues los hechos denunciados no habrían sucedido en suelo británico.

Corinna había intentado que se castigase la impunidad en que devino la inmunidad. El mundo asistiría a la lucha de una mujer sola contra un sistema perverso, contra el abuso de poder y contra la impunidad. Sola ante el peligro, como le sucedió al juez Castro con el caso Nóos. Un western clásico en el Londres del siglo XXI. Para su versión encajaba perfectamente el trato de favor al rey. Si la justicia británica reconocía su inmunidad, Corinna podía achacarlo a la impunidad de la que goza el poder. Al servicio que un país, Gran Bretaña, le prestaba a otro, España, o incluso al favor de una familia real, la británica, a otra, la española. Dos familias con lazos de sangre. La misma familia. Una corona auxiliando a otra. El poder salvando al poder. La única misión de las familias reales es permanecer en el trono. Cuantas más reinen en el mundo, más poder simbólico ostentará la monarquía. Si cae una pueden caer, por un efecto dominó, otras.

Además, el caso de Corinna no era el primero que había requerido la actuación del CNI al servicio de su majestad. Ya sucedió en el pasado. Y no por proteger al jefe del Estado, sino por encubrir al hombre y blindar el símbolo. Con la cantante y presentadora Bárbara Rey, conocida amante de Juan Carlos durante años, intervino para frenarla. Sus relaciones sentimentales, o sexuales, estaban grabadas. La historia siempre se repite. Entonces no apareció ningún personaje como Villarejo colándose en el guion. Fue ella misma quien lo grabó. Cuando amenazó con contarlo todo y filtrar las cintas, se la silenció con dinero. Se hizo en dos ocasiones durante los años noventa. Cientos de millones de pesetas ingresados en una cuenta en el extranjero. Dinero del CNI, del Estado. La amenaza se neutralizó. Los espías habían protegido al rey. Quizá, incluso, lo habían salvado. Al final, sin embargo, esa historia también acabó trascendiendo. Por eso conocemos todos los detalles. La inversión millonaria no duró para siempre. Los fantasmas del pasado nunca mueren.

En esta historia no hay héroes o villanos. Aquí no hay héroes. Quizá tampoco villanos absolutos. Todos buscan algo, que no confiesan, y todos tienen mucho que esconder. Porque en esta historia no sólo hay amor, traiciones, celos, ambición y poder, sino también dinero. En especial esos 65 millones de euros que Juan Carlos nunca pudo ganar con su salario y que, sin embargo, le regaló a Corinna cuando ya no eran novios. Unos millones que contaminan las versiones. Un regalo que nadie quería que trascendiera y que, al hacerlo, oscureció de sospecha todos los relatos.

C: Hace operaciones sin prevenirme. Con su gente. La gente que operan estas cosas para él. Los conozco a todos perfectamente. Dónde tienen las cuentas, de dónde sale todo, todo el proceso... Es un abogado suyo. Entonces me dice, por ejemplo, tú haces una estructura. La pones...

V: ¿Es Stuart Crown?

C: No, es un tipo que se llama Dante Canonica.

V: Ah, bueno, pero Dante es muy antiguo, ¿no? Llevará toda la vida con él...

C: Exacto. Entonces, este Dante Canonica, por ejemplo, le ha puesto en contacto con el número dos de la persona del rey de Marruecos. Montan una estructura. El director es Dante Canonica. Ponen una propiedad dentro de la estructura. Hacen como un contrato de venta. Entonces parece todo perfecto. Claro, no pueden decir que el beneficiado es el otro, ¿no? Entonces, sin decírmelo, me lo ponen y después dicen: esta no quiere devolverme la cosa. Pero si lo hago, es *money laundry*, es blanqueo, ¿me entiendes?

V: Claro. ¿Por qué lo pone a tu nombre, entonces?

C: Entonces yo estoy viviendo una pesadilla enorme. Porque lo han hecho con dos o tres cosas y están poniendo muchísima fricción.

[...]

C: ¿Adónde quieren llegar? Porque yo, las pruebas dentro de estas estructuras las tengo, pero no quiero hacer daño. Esa nunca ha sido mi intención.

V: Nadie quiere hacer daño... Cuando uno es poco inteligente, como hablábamos al principio... Yo no quiero hacer daño al CNI. Al concepto de CNI. No quiero hacer daño a la corona de mi país. Pero lo que está claro es que hay que poner un poco de orden a tanta estupidez.

C: Sí. Y poner un stop por el momento. Pero, en este momento, estoy contra la pared. Es un sitio muy duro. Porque hay otras cosas que me las han puesto, no porque me quiere mucho, sino porque soy residente en Mónaco... Entonces han estudiado antes sobre unas cosas en nombre de su primo, esto se queda entre nosotros, que es Álvaro de Orleans de Borbón.

[...]

C: Entonces las cuentas del banco en Suiza se han puesto a su nombre, porque es él el que paga todos los vuelos, todos esos vuelos privados que salen de Torrejón para no...

V: Controlar. En la zona militar...

C: Exacto. Es una compañía inglesa que se llama Air Partner, y salen con los aviones alquilados. Es él, Álvaro, quien está pagando. Entonces ahora están tratando que yo pase las cosas a Álvaro, a través de Dante.

V: ¡Ni se te ocurra, eh!

C: ¡No, no, no! Claro. Pero están haciéndome mierda. Ya

he visto con el caso Nóos que la propia Casa Real ha dicho mejor Iñaki y Corinna que Iñaki y Cristina. Eso ha sido la idea, y el resultado es que tenía que defenderme públicamente, porque legalmente en España también soy imputada, e imputada del caso, pero no he hecho nada buscando un trabajo para él. Le he pedido diecisiete veces, diecisiete veces, que su abogado se reúna con los míos, *off the record*, para ver cómo hacemos las cosas, sin que yo tenga que decir nada. No lo han hecho. Punto final. Me he defendido. El juez me ha quitado... Le he pedido al rey pero no ha hecho nada porque, como dice, *blood is thicker*. La sangre pesa más.

V: Está actuando el hombre, y no el Rey.

[...]

C: Pero, explícame una cosa. ¿Tú sabes la cantidad de cosas que yo sé? Tengo copias de muchísimas cosas, de las cuentas, de las estructuras del rey. Y no porque las haya robado, sino porque me las dieron. Y yo le dije a Félix que tenía todo eso, y que yo no iba a decir nada, que iba a quedarme callada si me dejaban tranquila. Nunca hubiera hablado de nada.

[...]

C: El rey no tiene concepto de lo que es legal o ilegal.
V: No tiene concepto.

C: Lo ha hecho... siempre...

V: Siempre...

V: La impunidad psicológica de hacer lo que le ha dado la gana.

C: El rey le dijo a Villar Mir que debía pagarle a él, que él era el que había conseguido el contrato, que él es el que había hablado con su hermano el rey, no Zanganeh. Y Villar Mir le dijo que le dejara hablar con Zanganeh. Todos pagaron la comisión. Pero a Zanganeh 80 millones. El tren eran 7.000 millones.

V: Yo creo que fueron 100, porque era el 1,5 por ciento.

C: Exacto. Y Villar Mir le dijo que no iba a pagarle más dinero. Que le dejara hablar con Zanganeh. Yo le dije que cómo iba a cobrar de la iraní, que era la mujer del traficante Kashoggi, que no podía hacer eso. Y se enfadó muchísimo. «Eres una idiota», me decía.

[...]

C: ¿Cómo consigue él el dinero? Toma el avión, va a los países árabes y vuelve en el avión.

V: Con el crudo. En efectivo.

C: En maletas. Y cada vez con tres, cuatro o cinco millones. El dinero está en Zarzuela. Tiene una máquina para...

V: ¿Contar?

C: Para contar. Y él paga todo. Incluso a su hijo. A sus hijas. A la mujer. Todo. En *cash*. Aterriza en la base.

V: En Torrejón.

C: Todo el dinero entra por la base de Torrejón. Cada vez que viaja vuelve con dinero. Yo lo he visto con mis propios ojos. Y se pone como un niño. No puede evitarlo. A lo mejor no ha tenido dinero de joven...

El dinero. Ay, el dinero... Siempre es el dinero.

Corinna y Villarejo continúan charlando. Estos son algunos fragmentos de la parte más importante de la conversación. Su enemigo común, el jefe del CNI, Sanz Roldán, a quien llaman Félix, por su nombre, o trol, pasa a un segundo plano. Ahora hablan sobre lo que Corinna sabe y lo que Corinna, como le dice al policía, nunca hubiera contado si no hubiesen ido a por ella. Se convierte así en la amenaza que el CNI y los defensores del rey veían en ella. Pero ¿ya lo era antes, o la empujaron a serlo? ¿Se trata de esa profecía autocumplida en la que algo sucede porque nosotros mismos lo provocamos cuando tratamos de evitarlo, o porque condicionamos los hechos para que suceda, aunque temamos que acabe pasando? La verdad es que no importa. Tiene valor, por supuesto, para comprender mejor por qué sucedió todo del modo en que lo hizo. Pero resulta imposible, una vez más, obtener una respuesta. Vuelve a ser una cuestión de versiones o de relatos.

Ella decía que no, como se lo afirma a Villarejo, que jamás hubiera contado los secretos de su relación con

Juan Carlos si no la hubiesen obligado a hacerlo por el caso Nóos. El proceso, por el que Urdangarín acabó en la cárcel, era ese thriller judicial que se desarrollaba en paralelo a las otras dos películas que condujeron a la abdicación forzada del rey. Corinna irrumpió como un personaje imprevisto. Y no porque ella quisiera. El socio de Urdangarín, Torres, comenzó a filtrar información que apuntaba directamente a Juan Carlos en los negocios de su yerno y que conectaba a Corinna con estos. En esta historia, como vemos, existen muchas filtraciones y se repiten las estrategias. Villarejo no fue el primero que apuntó a la corona, aunque él mismo diga que jamás filtró sus grabaciones con Corinna, que es un patriota y que como patriota nunca hubiera ido contra la corona. También él tiene, por supuesto, su relato.

Implicada en el caso Nóos, Corinna le cuenta al policía que pidió ayuda al rey. Quería que, desde la Zarzuela, públicamente, o a través de los abogados de Urdangarín, se actuara para frenar la amenaza de Torres y se desmintiera su implicación en los negocios sospechosos. Pero la Zarzuela guardó silencio, como siempre. Corinna se sintió expuesta y pensó que el juez Castro la imputaría y la llamaría a declarar. Antes de que eso sucediera, empezó a hablar públicamente para desmentir la idea que las filtraciones de Torres propagaba de que tanto ella como el rey participaron en la trama. Corinna le cuenta a Villarejo que ella pidió ayuda al rey, y que él no respondió. En palacio preferían, le dice, que las sospechas recayeran en la pareja Iñaki-Corinna, antes que en Iñaki-Cristina, la hija de los reyes, la infanta, la hermana del heredero. Desviar la atención de Cristina para que el escándalo afectara en menor medida a la corona. Cargarle el muerto a la amante que ya no lo era. La sangre es más espesa, como dice Corinna al policía que el rey le había justificado su inacción.

Si todo eso no hubiera sucedido, y aquí no importan los hechos, sino cómo los vivió cada protagonista y cómo lo condicionó, Corinna no habría concedido sus primeras entrevistas. Las mismas con las que empezó a confirmarse, para Juan Carlos y sus protectores, como la amenaza latente y potentísima que era.

Pero ella sabe más, mucho más. Lo sabe todo. Así se lo confiesa al policía.

Conoce los secretos del rey, la tramoya del truco. Ahora es cuando su relato se hace trascendental, porque lo que desencadenará tendrá unas consecuencias tan brutales como —por qué negarlo— fascinantes. Esta es la parte de la conversación que lo cambia todo.

Corinna le habla al policía de las cuentas del rey en Suiza y menciona una comisión que habría cobrado por el contrato del tren. Se refiere a la obra faraónica del tren, construido en Arabia Saudí, entre las ciudades de Medina y La Meca. Casi 500 kilómetros de alta velocidad a través del desierto. Lo ganó y ejecutó un consorcio de empresas españolas. Competían contra otro francés al que, en el último momento, vencieron para llevarse un contrato de 7.000 millones de euros. Es, probablemente, la mayor obra de ingeniería realizada por empresas españolas. Una proeza de la Marca España, con mayúsculas, la etiqueta con la que se promocionan los hitos españoles, ya sean empresariales o deportivos. Pero se convertirá en otro hito, ahora de la marca España con minúsculas, cuando deje de hablarse de la obra de ingeniería ferroviaria y se hable sólo de la ingeniería fiscal que hay detrás de la obra.

Corinna menciona una comisión de 80 millones, y Villarejo, inmediatamente, puntualiza que no son 80, sino 100 millones de dólares. La cantidad, esos 100 millones, es importante, muy importante, y no sólo por la cuantía, también por la cifra.

La conversación, ya lo sabemos, no se quedó ahí, entre las paredes del apartamento de lujo de Corinna en Eaton Square. Tres años después salió a la luz, desde las sombras. Trascendió. Y con ella la revelación de Corinna de que el rey podía tener dinero oculto en Suiza. Fondos de procedencia dudosa que lo convertían en sospechoso de haber cobrado comisiones ilegales y de blanqueo de capitales.

Las noticias sobre las grabaciones llegaron a un fiscal suizo, de nombre Yves Bertossa, que decidió abrir una investigación para averiguar si las acusaciones de Corinna eran ciertas. Bertossa hizo algo que nunca se había hecho. Era un caso descomunal: investigar, como presunto criminal, a un rey, porque Juan Carlos ya no era rey, pero era rey emérito, al exjefe de Estado de un país de la Unión

Europea. Y aunque no se atrevió a hacer el más difícil todavía —imputarlo y llamarlo a declarar—, sí lo hizo con sus gestores financieros y con Corinna.

Se trataba de un asunto tan extremadamente delicado que la investigación se mantuvo en secreto durante más de un año. Hasta que también trascendió y provocó la reacción en cadena que terminó con Juan Carlos marchándose de España. Cuando esto suceda, habrán pasado ya más de cinco años desde el encuentro entre Corinna y Villarejo en Londres, esa primera cita entre los supuestos villanos de esta historia en la que el policía, para romper el hielo, alaba durante los primeros compases de la charla las fotos de animales cazados que Corinna tiene en su salón.

«Una hiena», le aclara ella en la grabación. Tiene morbo imaginarlos a ambos ante una imagen de Corinna, vestida de verde, escopeta en mano, como Juan Carlos con su elefante de Botsuana, con una hiena muerta a sus pies. «Una hiena, ¡caramba!», le responde el policía. Incluso los diálogos, hasta la escenografía, resultan maravillosos en este encuentro entre villanos que tejen su alianza del mal para acabar con el héroe. Eso, por supuesto, si esta fuera una historia clásica de héroes y villanos...

C: ¿Qué tal todo?
V: Todo bien, todo bien... Te veo tan guapa y tan elegante como siempre. Ha pasado un año...
C: Casi, sí. Corre el tiempo, ¿no?

V: Cómo pasa el tiempo... Para mí es de vértigo. Buah.

C: ¿Vamos a comer?

V: Sí, sí, claro que sí.

V: Yo vivo en el campo en Madrid.

C: ¿Dónde?

V: Vivo en Boadilla. En Boadilla del Monte, pero en las afueras de Boadilla, que hay un encinar. Es un sitio rodeado de árboles y tal. Me encanta.

C: Tienes mucha más paz. Tú sobre todo tienes un trabajo un poco estresante.

V: Sí, y me gusta refugiarme allí y me olvido. Tengo veinte mil metros de terreno y allí me relajo. Tengo mis perros, mis tal, mis animales. A mí me gusta mucho el campo y los animales.

C: A nosotros también.

V: Soy incapaz de hacerles daño.

C: ¿Y eso sabes qué es? En Inglaterra te compras un terreno enorme con una casa por el mismo precio que un piso de dos habitaciones.

V: ¿En serio?

C: En serio.

V: Qué tremendo, ¿no?

[...]

V: Está obsesionado contigo porque eres la única mujer probablemente con carácter y tal que le ha sabido explicar la vida.

C: Es que ha sido una cosa verdadera, no ha sido una cosa ligera. Pero para mí es muy triste, ¿sabes?

V: Es muy duro, imagino que es muy duro para ti.

C: Sí, porque quería que tuviera una vida agradable en sus últimos años.

V: Probablemente el sentimiento de amor tuyo no lo entendía. La infidelidad para él es normal. Todos los Borbones...

C: A mí si me dices la verdad puedo entenderte...

V: Claro, yo te quiero mucho, pero déjame que folle de vez en cuando, alguna historia, pues venga...

C: No pasa nada, pero tienes una obsesión... y se vuelve muy feo. Después tiene sus amigos y hablan.

V: Sí, alardean.

C: Qué falta de respeto, no me gusta mucho.

V: Totalmente.

C: Porque él tiene además ya una edad...

C: El rey emérito tenía en su entorno mucha gente de este tipo.

V: Mucho vasallo.

C: Yo he puesto en su entorno gente diferente. Pero se han visto desplazados y tampoco me quieren.

[...]

V: Oye, magnífico este plato. Está delicioso, ¿eh? ¿Qué pescado es?

C: Lubina.

V: Y el contacto con las lentejas es increíble, eh.

C: Aquí es auténtico todo.

V: Gran acierto.

Ha pasado un año desde el primer encuentro. Villarejo regresa a Londres para verse otra vez con Corinna. Al igual que la primera vez, lleva su grabadora conectada, oculta en la chaqueta. Están solos. Charlan primero en casa de Corinna, en el mismo apartamento al que un año antes el policía llegaba carraspeando mientras llamaba al timbre, y en el que elogiaba las fotos de las cacerías. Esta vez la conversación es diferente. Villarejo no tantea ya el terreno, dudando de si pisa arenas movedizas mientras tira de la lengua a Corinna, pero dejando que sea ella quien hable. Como si su objetivo sólo fuera, como le había dicho, ayudarla en su guerra contra Sanz Roldán, el enemigo común, el trol.

En su segundo encuentro charlan amistosamente. El CNI no es el único tema. Ni siquiera el rey, su comportamiento y sus cuentas secretas. Ambos, poco a poco, se abren y comparten sus vidas. La cita continúa en un restaurante que ha reservado Corinna donde el policía —que ya no es policía, se ha jubilado— disfruta de un plato de lubina con guarnición de lentejas.

La primera parte de sus conversaciones resultó trascendental por las imprevistas consecuencias judiciales que tuvo. Pero esta segunda es, para mí, la más interesante desde un punto de vista antropológico, podríamos decir. La extraña pareja, los dos malos malísimos, comparten su intimidad. Los villanos también tienen corazón.

V: A mí me gusta mucho trabajar. Me gusta crear cosas.
C: A mí también. El día que tú me mandes de *shopping* y a comer con las amigas, me pego un tiro.

[...]

V: Yo me he divorciado un par de veces, y mi actual mujer es veinte años más joven que yo, como debe ser.
C: ¿Quién es?
V: Una morena. Me gusta. Brillante, periodista... Ahora la han imputado también. El trol también ha querido ver si a través de ella... Lo que te decía, a mi primera mujer, con la que tengo cuatro hijos, muy buena mujer, le di la mitad de lo que tenía. Porque yo ya sé cómo ganar el dinero. Y al final eso irá a parar a mis hijos. Sobre todo, porque has compartido tus sueños, tus ilusiones, ha sido cómplice en tus cosas. Ha dormido contigo muchos años y sabe tus depresiones, tus tensiones. Eso no se puede borrar como en una pizarra. La gente no entiende que esa es la esencia de la vida. Te equivocas. Si fracasas en eso, fracasas en todo, ¿no te parece?

[...]

V: Una mujer despechada es más peligrosa que cien yihadistas. Yo siempre lo digo. Huye. Las mujeres sois más ingeniosas que el hombre todavía.

C: Totalmente de acuerdo contigo. Yo soy más como el hombre que como la mujer, porque en mi caso yo no tengo miedo de nada, porque yo sé ganar dinero.

V: Es la clave, la independencia.

C: No me hace miedo nunca.

V: La no dependencia es lo que te hace fuerte.

C: El padre es además la referencia de todo. Si tienes una mala referencia de padre no vas a encontrar un buen marido. A mí mi padre me ha enseñado todo. Es una persona que me falta todos los días. Me ha enseñado a no tener miedo y a hacer cosas que creo que debo hacer.

V: Yo tengo tres hijas. La pequeña tiene ocho años, ahora hace nueve, de mi mujer actual. Y estoy enamoradísimo de todas. Pero claro, la pequeña, imagínate, para mí es brillante.

C: Para las niñas el padre es Dios. Es así y debe ser así. Para tu hijo tú eres el icono de todo. Tu hija para ti es una flor pequeña que debes proteger toda tu vida.

V: Así es, totalmente de acuerdo.

C: Para la madre y los hijos es otra historia, también bonita. Para mi hijo yo soy su madre. Si mi hijo no es un buen hombre para mí, no será un buen hombre para otra mujer. Las mujeres no entienden esto. Entonces crean hombres malísimos para otras mujeres.

V: Yo estoy muy contento y muy feliz. Y volviendo a lo que tú has dicho antes, como yo tengo independencia económica, cuando me han intentado amenazar, te echamos de la policía, me da igual, yo ya sé cómo ganar dinero. A mí no... ¿entiendes? La no dependencia te da mucha fuerza. Yo sé trabajar.

Corinna y Villarejo hablan de sus familias. Corinna le confiesa que ella todo lo aprendió de su padre. Lo añora cada día. Gracias a cómo la educó no tiene miedo a nada. Villarejo le cuenta su pasión por sus hijas pequeñas. Escuchándolos a ambos hay un momento en que se olvida la gran amenaza que ambos suponen o que ambos presuntamente, según el relato, suponen. Uno se deja llevar por esa charla en la que desaparecen las estrategias. Hablan como dos viejos amigos tras años sin verse. O como en una cita a ciegas entre dos personas con amigos en común. Juan Carlos pasa a un segundo plano. Sanz Roldán desaparece de la conversación. Ambos conceden una tregua de lubina y postre de pestiños a aquello que únicamente los unía: su batalla particular por la supervivencia o por la victoria. No importan los motivos que llevaron a cada cual hasta allí. Esta no es una historia de blancos y negros, de buenos-buenísimos ni de malos-malísimos. La grabadora seguirá encendida hasta que se despidan.

V: ¿Me permites que te invite, por favor?
C: No, no, no. El día que vuelva a España.
V: No creo que vayas a volver a España.

C: Sí, un día, pero muy discretamente. Y vamos a cenar a casa tuya.

V: Sí, yo encantado.

V: Oye, muchísimas gracias, de verdad, una cena agradabilísima.

C: *The best revenge is a big smile*. Te lleva mi chófer a tu hotel.

V: ¿Ah sí? Muchísimas gracias, muy amable. Gracias mil. Me alegro muchísimo de que estés tan bien.

C: Yo también. Nos vemos en la casa de campo prontísimo.

V: Gracias, ¿eh? Hasta luego.

6

LO QUE PASA EN SUIZA
YA NO SE QUEDA EN SUIZA

En Sanxenxo, Pontevedra, el verano es tan bonito como agobiante. Todo está lleno. En el paseo marítimo no cabe una ola. Los 17.000 habitantes del invierno parecen multiplicarse hasta el infinito. Las noticias hablan cada año de ello y no se ponen de acuerdo. Calcular la población estival es un género periodístico en sí mismo en la prensa local. Hay titulares que dicen que se duplica, otros que se triplica e incluso algunos medios dicen que se dispara hasta los 140.000 habitantes. En mayo de 2022, cuando el verano aún no se asomaba al calendario, contaron las crónicas, como se cuentan las leyendas, que se alcanzó una ocupación similar a la del mes de agosto. Aquel fue el momento y el lugar que Juan Carlos escogió para regresar a España tras haberse marchado casi dos años antes a los Emiratos.

Allí, en Sanxenxo, separados por apenas un centenar

de metros, se manifestaron decenas de personas. Unos criticaban la visita del viejo rey. Cantaban en gallego que Galicia no tiene rey y entonaban otro cántico que decía que el Borbón es un ladrón. Los otros hacían todo lo contrario. Lanzaban vivas a España y al rey, ondeaban la bandera española y defendían a Juan Carlos ante las cámaras de la nube de periodistas como un hombre inocente. Casi, incluso, como si fuera un mártir.

Parecía que se estuvieran refiriendo a dos personas diferentes.

En los dos últimos años previos al viaje a Sanxenxo estalló el escándalo final de Juan Carlos: las investigaciones judiciales, las sospechas de negocios turbios y las certezas de fortunas ocultas, la marcha a Abu Dhabi, el conflicto con su hijo Felipe...

Pero en Sanxenxo eso no importaba. Juan Carlos era el rey vitoreado como rey. El símbolo. Y a pocos metros también era el ladrón, el rey que no era ni rey, al menos, de esa comunidad, de una Galicia que renegaba en la calle no sólo de él sino de toda su estirpe, de la corona.

Por aquel entonces hacía muy pocas semanas que Juan Carlos había recibido la buena noticia.

En diciembre de 2021, primero, y pocos meses después, en marzo de 2022, se anunció el archivo de las investigaciones judiciales abiertas contra él en Suiza y en España. Todos los partidos políticos españoles reaccionaron el mismo día a la noticia. Desde el Partido Socialista, en el Gobierno, se respondió de forma aséptica: respeto por las decisiones judiciales. La misma contestación que desde el palacio de la Moncloa, aunque hacía meses que el presidente del Gobierno, Pedro Sánchez, decía que, si no lo hacía la Justicia, el propio rey «debería dar explicaciones» sobre su fortuna en el extranjero. Fue la respuesta más políticamente correcta. El resto de las formaciones parecía que estaban reaccionando a dos noticias distintas. El Partido Popular celebró el archivo del caso y exigió que todos aquellos que habían perseguido a Juan Carlos con la intención de atacar a la monarquía le pidieran perdón, porque acababa de confirmarse su inocencia. La palabra «inocencia», aquí, pronunciada en este contexto, es muy importante.

En Unidas Podemos, partido coaligado por aquel entonces en el Gobierno con el PSOE, se criticó la decisión judicial. Si el rey no resultaba juzgado y condenado era por su inviolabilidad, pues estaba confirmado que era un «defraudador». Para este partido, Juan Carlos, a pesar del archivo de los casos, era directamente culpable. No sólo él: toda la monarquía, una estructura proclive a la corrupción. Otros partidos políticos también reaccionaron en una línea similar. Desde Compromís, en la Comunidad Valenciana, que habló de un «rey defraudador», hasta EH Bildu, en Euskadi, o el BNG, en Galicia, que destacaron la «impunidad real», o Más Madrid, que criticó que quedaba expuesto que la justicia en España no era igual para todos.

A Vox, en el extremo más a la derecha, le pareció todo

lo contrario. Las causas contra Juan Carlos habían quedado en nada, y no hacían sino confirmar que el rey era un «ciudadano libre» con derecho a hacer lo que quisiera. Como regresar a España desde Abu Dhabi sin dar ningún tipo de explicación. En cambio, sí reclamaron explicaciones y disculpas a todos aquellos que habían criticado al rey. Vox fue más allá. Entre aquellos a los que exigía que pidieran perdón a Juan Carlos situaba en primer lugar a Unidas Podemos. Y remataba su reacción asegurando que si no fuera por el rey y por la Transición, gracias a los cuales el Partido Comunista fue legalizado en 1977, una formación como Unidas Podemos no podría formar parte de las instituciones del Estado ni hacer el ridículo, concluían, en ellas.

¿Hablaban todos los políticos, como después harían los manifestantes de Sanxenxo, de lo mismo? ¿Una decisión judicial es tan interpretable como para provocar reacciones tan opuestas? ¿Dónde quedaban los hechos, la realidad, lo sucedido, en esa decisión judicial y, sobre todo, en las respuestas políticas?

En diciembre de 2021 y marzo de 2022, cuando se conocieron ambas noticias, en España la polarización política batía récords. No se trataba de un caso único. Sucedía en otras partes del mundo. Era un fenómeno global. Sin embargo, como alertaban algunos estudios, los españoles estaban más divididos por ideología que por temas de políticas públicas. Los ciudadanos y los partidos se habían escorado hacia posiciones extremas, y la polarización afectiva había aumentado exponencialmente: los sentimientos de un votante de un determinado partido hacia el resto de las formaciones figuraban entre los más negativos del mundo. Un ejemplo de ello lo tenemos en ese quiebro final de Vox: gracias a Juan Carlos, Unidas Podemos podía hacer el ridículo como partido legal.

¿Y los hechos?

Todo ello, tanto la polarización extrema como el archivo de las causas y las reacciones políticas, coincidía con otro fenómeno global: la posverdad. Este término de origen anglosajón surgido recientemente, y cuya figura más representativa es el expresidente Donald Trump, define una época en la que la realidad dejó de importar como antes lo había hecho. Según el *Oxford Dictionary*, este fenómeno se produce cuando los hechos objetivos influyen menos en la opinión pública que aquellos que apelan a la emoción y a las creencias personales. Lo mismo que les sucedía a quienes se manifestaban en Sanxenxo, alabando al rey inocente o criticando al rey ladrón, más emocionales que racionales.

Pero los hechos están ahí. Por mucho que se retuerzan. Aunque se oculten. Los hechos siempre están ahí. Por eso, a partir de ahora, aquí, no caben las interpretaciones. No hay creencias ni valoraciones. Sólo los hechos a los que se referían esas noticias que provocaron reacciones tan contrapuestas entre los partidos políticos.

Todo empieza en julio de 2018. Ese verano se filtran las grabaciones que Villarejo hizo durante su encuentro con Corinna en Londres tres años antes. La ya exnovia del rey revela, recordémoslo, la existencia de una comisión que Juan Carlos habría cobrado del multimillonario contrato del tren de alta velocidad en Arabia Saudí, así como de otras operaciones ocultas a través de cuentas en el extranjero. También menciona a Álvaro de Orleans, primo del rey, como su testaferro, el hombre que controla sus finanzas en la sombra. Las palabras de Corinna provocan la apertura de dos investigaciones judiciales, una en España y otra en Suiza. La de España, que inicia la Audiencia Nacional, durará menos de seis semanas. A comienzos de septiembre el juez la cierra porque considera que no hay pruebas suficientes para armar una causa. Además, aunque las hubiera, concluye que el rey aún era rey cuando sucedieron los hechos revelados por Corinna, y por lo tanto gozaba de inmunidad constitucional y no se le podría juzgar. Con esas mismas revelaciones, en cambio, el fiscal Bertossa abre en Suiza una investigación que se prolongará durante más de tres años [Bertossa cerró la investigación en diciembre de 2021].

La segunda investigación en España se iniciará dos años más tarde y no será en la Audiencia Nacional, sino en el Tribunal Supremo. Tras su abdicación, el rey Juan Carlos perdió la inmunidad que le otorgaba la Constitución como jefe del Estado, pero obtuvo, a cambio, la condición de aforado. Como muchos altos cargos, entre ellos

los diputados del Congreso. Un aforado puede ser juzgado, pero sólo por el Tribunal Supremo. La fiscalía investigará durante dos años al rey. Primero, si cobró la comisión que Corinna le mencionó a Villarejo. Después se abrirán dos causas más para investigar una donación millonaria recibida por el rey de un empresario mexicano, que Juan Carlos ocultó a Hacienda, y la existencia de un entramado financiero en el paraíso fiscal de las islas Jersey a nombre de un historiador y consejero de Juan Carlos que en realidad podía pertenecer al propio rey.

El fiscal del Tribunal Supremo responsable de las investigaciones, Alejandro Luzón, las cerrará en marzo de 2022. Será la noticia de la controversia. En los decretos de archivo, según apunta, se constatan conductas por parte de Juan Carlos que podrían haber sido causa tanto de delitos fiscales por defraudar dinero a Hacienda como de blanqueo de capitales y de cohecho, pero establece que la investigación no va más allá. No puede armar una causa para llevarla a juicio porque los delitos, o bien han prescrito, por haber pasado el tiempo que establece la ley desde que se cometen hasta que son juzgados, o bien se cometieron cuando aún era rey y, por lo tanto, inviolable.

La supuesta comisión del tren de Arabia, mencionada por Corinna, no se puede demostrar.

Pero sí está claro en ese momento, sin embargo, que el rey recibió de Arabia Saudí 100 millones de dólares. Así lo demostró la investigación abierta en Suiza en 2018. Es el dinero que más tarde Juan Carlos transfirió a Corinna.

Esos 65 millones de euros que ella define como un regalo en prueba del amor que el viejo rey le profesaba. Una cifra sospechosa para un regalo que desencadenó el gran escándalo y que ensombrece todas las versiones, los relatos, de esta historia. La fiscalía del Supremo no niega que Juan Carlos tuviera ese dinero, que lo recibiera de los árabes y que después se lo enviara a su antigua novia. Nadie puede negarlo, porque en Suiza ya se han confirmado todos esos movimientos entre cuentas bancarias. Pero no puede establecerse que el dinero sea una comisión ni un cohecho recibido del rey de Arabia Saudí, un soborno o un regalo a cambio de algo, o un caso de blanqueo de capitales, por habérselo donado a Corinna si el objetivo no era regalárselo sino ocultarlo.

En cualquier caso, como dice el decreto de archivo, tampoco se podría hacer nada, porque Juan Carlos aún era rey cuando lo recibió y lo transfirió después a Corinna. Era inmune.

Lo mismo sucede con el delito fiscal. Sobre este, sin embargo, no cabe la menor duda: el rey recibió los 100 millones de dólares en 2008 y se los donó a Corinna en 2012. Aunque sólo fuera un regalo, sin contraprestaciones, recibido de los árabes, debía haberlo declarado y haber pagado los impuestos correspondientes, que habrían superado más de la mitad del total. Pero los plazos para considerarlo delito estaban ya prescritos cuando se investigó y, además, aunque no lo hubieran estado, no importaba: el rey era rey entonces y, sí, inviolable.

Las otras dos causas del Tribunal Supremo variaban. Los hechos no se habían producido estando Juan Carlos en el trono, sino después, de modo que ya había perdido la inviolabilidad y podía ser juzgado. Estaba demostrado que recibió dinero y regalos de un empresario mexicano llamado Alles Sanginés-Krause, para él y para algunos de sus familiares, como se establece en la causa. Entre los años 2016 y 2018, tanto él como sus familiares pagaron viajes y regalos y gastaron dinero con unas tarjetas de crédito asociadas al empresario mexicano a través de un testaferro español, un coronel del Ejército del Aire que fue ayudante personal de Juan Carlos. Felipe y Letizia no aparecían como usuarios de las tarjetas. La reina Sofía, sí.

Asimismo, Juan Carlos también había recibido regalos en forma de vuelos privados, en especial para esos viajes privados suyos al margen de su actividad oficial, por valor de ocho millones de euros. Lo hizo a través de una fundación llamada Zagatka, constituida en 2003 en Liechtenstein, otro paraíso fiscal, y al frente de la cual estaba Álvaro de Orleans, el primo de Juan Carlos, a quien Corinna señalaba en una conversación con Villarejo como el responsable de las finanzas ocultas del rey. La existencia de Zagatka también fue descubierta en el transcurso de la investigación suiza, y el fiscal Bertossa remitió toda la información a España, a la fiscalía del Tribunal Supremo, para que se investigara en España porque excedía los límites de su propia investigación.

En ambos casos, tanto en el del empresario mexicano

y las tarjetas de crédito, como en el de la fundación Zagatka, está confirmado que el rey recibió esas cantidades de dinero y los regalos. Y lo está porque el propio Juan Carlos así lo reconoció al hacer dos regularizaciones fiscales, en diciembre de 2020 y en febrero de 2021. Es decir, Juan Carlos lo ocultó durante años porque debía haber pagado impuestos por ello, cometiendo así un fraude y un delito fiscal. Mediante ambas regularizaciones, la primera por el dinero del empresario mexicano, de casi 700.000 euros, y la segunda por los vuelos de Zagatka, de más de cuatro millones de euros, reconoció la ocultación, y con ella el delito, pero evitó ser encausado por ello.

El Código Penal español permite regularizar la situación económica de una persona o una empresa, aunque no se realice en el momento que corresponde. Es una forma de hacer que aflore el dinero negro y los fondos ocultos en el extranjero. Se abonan los impuestos y los intereses correspondientes, y el dinero pasa a ser legal. La condición es que la regularización ha de ser voluntaria. Una persona que está siendo investigada por delito fiscal no puede evitar un juicio y su posible condena acogiéndose a la ley.

Juan Carlos hizo dos declaraciones para regularizar su situación y esquivar la Justicia. El Tribunal Supremo las aceptó. De ahí que archivara estas causas. Sin embargo, no investigó las tres notificaciones enviadas por la fiscalía del Tribunal Supremo antes de que se llevaran a cabo las regularizaciones. En junio, noviembre y diciembre de 2020, la última pocos días antes de declarar el dinero oculto y pagar finalmente los impuestos, el abogado del rey supo que se iban a abrir varias investigaciones que podían afectar a su cliente. Aquellas notificaciones no concretaban los hechos investigados ni mencionaban delitos fiscales, pero algunos expertos, como los de la Asociación de Técnicos de Hacienda (Gestha), señalaron que sirvieron para alertar al rey y que, por lo tanto, sus regularizaciones inmediatamente posteriores no fueron voluntarias.

La última investigación del Supremo sostenía que se había creado un trust en las islas Jersey con casi quince millones de euros en fondos. Un trust es un instrumento financiero que desvincula determinados fondos de su propietario real a través de un administrador. Este trust se creó tras la liquidación de otros dos similares que abrió en el pasado Manuel Prado y Colón de Carvajal, una de las personas más próximas a Juan Carlos durante años, que controlaba sus finanzas y que terminó en la cárcel. El objetivo inicial de esta estructura, como reveló la investigación, era proporcionar un respaldo económico al rey en caso de que en España se produjese un golpe de Estado o un cambio constitucional que lo destronara. La fiscalía del Supremo también cerró esta causa porque consideró que no se podía demostrar que Juan Carlos o sus familiares se hubieran beneficiado de los fondos.

Esto fue lo que sucedió en España. Ahora viajemos a Suiza.

La causa judicial suiza se cerró después de tres años y

medio de investigación. El fiscal trató de averiguar si el rey Juan Carlos había cobrado una comisión por el contrato árabe, tal como Corinna le insinuó a Villarejo, y después si hubo blanqueo de capitales al transferirle 65 millones de euros a Corinna. La relación con ella, resulta evidente, trascendía la prensa del corazón.

La transferencia, sospechaba el fiscal, no era un regalo, como Corinna decía, sino la fórmula empleada por el rey y sus asesores fiscales para ocultar el dinero. Finalmente, el fiscal no pudo demostrar ninguna de las dos cosas. Por eso ordenó que se archivara la causa. Sin embargo, en su escrito final destacó que en las decisiones de Juan Carlos había habido un deseo de encubrimiento, a tenor de las estructuras creadas y de las operaciones que se habían llevado a cabo.

El 31 de julio de 2008 se creó en Panamá otro paraíso fiscal, una fundación llamada Lucum, cuyo beneficiario final era el rey Juan Carlos. Pocos días después, los 100 millones de dólares fueron transferidos a una cuenta suiza abierta a nombre de dicha fundación. Aquel dinero era, según declaró al fiscal Arturo Fasana, el abogado de Juan Carlos en Suiza y experto en entramados fiscales, un regalo que le hizo al rey español el entonces rey Abdalá de Arabia Saudí, fallecido en 2015.

El fiscal suizo quiso averiguar si había sido realmente un regalo entre reyes o si se trataba de la comisión de la que hablaba Corinna en las grabaciones de Villarejo. La cifra, de ahí su importancia, coincidía. Cien millones de dólares es la cantidad que mencionan Corinna y Villarejo. Ella habla de 80, pero el policía puntualiza que son 100 y ella le da la razón. Cuando declare ante el fiscal, Corinna negará tener noticia de ninguna comisión por el tren. La coincidencia de cifras apuntaba a ella directamente. El rey recibió 100 millones, la misma cantidad que ella decía que se había embolsado por el contrato del tren, y después se los transfirió a ella. Si era una comisión, el regalo por amor podía ser blanqueo. Además, en el momento en que se produjo, lo que añadía más sospechas, Suiza levantaba su histórico secreto bancario. A partir de entonces, el dinero turbio o ilegal, así como sus dueños, dejarían de estar protegidos por él.

El fiscal intentó recabar la versión de Arabia Saudí, pero sólo obtuvo silencio. Finalmente, para archivar la investigación, estableció que no podía probar que los 100 millones fueran una comisión. Las fechas no cuadraban. El contrato del tren se cerró en 2011 y la transferencia a Juan Carlos se realizó tres años antes. Además, resultaba inusual que una comisión de este tipo la pagara el país que adjudicaba el contrato. Lo habitual en esa clase de operaciones es que la abonen las empresas que ganan la adjudicación. Son las gratificaciones por sus servicios a los intermediarios que trabajan para conseguirla. De la misma manera, al no poder demostrar la comisión, y al asumir que el dinero era el regalo de un monarca a otro, la posterior transferencia a Corinna también quedaba justificada como otro regalo. Juan Carlos así lo había firmado en ese documento, aportado por Corinna a la causa, que explicaba que se trataba de una donación irrevocable a su antigua novia. Esta es la prueba a la que ella se aferró en todo momento para reivindicar su inocencia. La prueba documental de que los 65 millones de euros, 100 millones de dólares, eran un regalo, como le explicó al fiscal, que el rey le hizo por amor... y porque creyó que así la recuperaría como novia.

La causa suiza, aunque fue archivada, reveló, además, otros datos y hechos que el fiscal no investigó porque no formaban parte de la supuesta comisión y del posible blanqueo. Algunos de ellos, sin embargo, los apuntó en el auto del archivo y los envió a España para que pudiera investigarlos la justicia española, aunque esta nunca lo hizo.

En 2010, Corinna recibió en sus cuentas una transferencia desde Kuwait por valor de casi cinco millones de euros, y otra, cuatro años más tarde, desde Baréin, de casi dos millones. Ambas se realizaron pocos días después de que el rey Juan Carlos hubiera viajado allí. Corinna justificó ante el fiscal los ingresos como trabajos realizados para esos países, pero sin presentar contratos.

Corinna creó una empresa para recibir como regalo un terreno en Marrakech valorado en casi dos millones de euros. Según declaró, fue un regalo que le hizo el rey de Marruecos y que ella le agradeció personalmente. Corinna le habla a Villarejo de ese terreno en su primer encuentro en Londres. Allí le cuenta que, sin decirle nada a ella, los asesores fiscales del rey Juan Carlos, como no podían justificar que él fuera el beneficiario del terreno, lo pusieron a su nombre, y después le exigieron que lo devolviese, pero ella se negó porque sería cometer blanqueo.

Durante el tiempo que duró la investigación, Corinna contrató a un detective privado para investigar al fiscal Bertossa. Quería orquestar una campaña pública contra él. Desacreditarlo. Hundirlo. Corinna consideraba que el fiscal había inflado el caso por ambición personal, para hacerse famoso en todo el mundo. Todo eso se supo porque hubo una filtración de correos del detective, Mario Brero, entre los que se encontraban algunos que Corinna y él habían intercambiado. El hackeo de las cuentas y la filtración no estaban relacionados con Corinna ni con su caso, pero algunos de esos correos quedaron expuestos. A aquel trabajo lo habían denominado la «Operación Mambo».

En 2010 Juan Carlos recibió un maletín con 1,7 millones de euros del sultán de Baréin. El rey, que aún lo era, llevó el maletín a Suiza y se lo entregó a Fasana, su gestor, para que lo ingresara en la cuenta de la Fundación Lucum. Así se lo contó el propio Fasana al fiscal.

La investigación no pudo establecer el enlace directo entre el contrato del tren de alta velocidad y los 100 millones de dólares regalados por el rey saudí al español, pero tanto el fiscal como los medios de comunicación analizaron las fechas en las que se hizo la transferencia. En 2008 faltaban aún tres años para que se cerrara el contrato, pero dos semanas antes de que se creara la Fundación Lucum en Panamá como instrumento financiero destinado a recibir los 100 millones, en Madrid se celebró una conferencia religiosa internacional. La patrocinaba Arabia Saudí y la presidían los monarcas Juan Carlos y Abdalá. Pese a que Arabia Saudí es uno de los regímenes religiosos más estrictos y radicales del mundo, en el evento fue presentado como un país abierto cuya religión oficial, el wahabismo, fomentaba una actitud solidaria y dialogante con los otros cultos. Sólo un año antes, en 2007, el rey Abdalá había realizado su primera visita oficial a España, durante la cual Juan Carlos le entregó el Toisón de Oro. Este collar, de una orden de caballería centenaria, es el mayor reconocimiento que el rey español podía otorgar al saudí, pese a ser un monarca absoluto.

La fiscalía se centró en la Fundación Lucum, en cuya cuenta de Suiza fueron ingresados los 100 millones de dólares árabes. Pero en el curso de los más de tres años que duró la investigación se descubrió la existencia de otra fundación oculta, cuyo nombre era Zagatka. La información sobre la misma era la que envió el fiscal suizo para que en España se prosiguiera con la investigación. De ahí salieron los cerca de ocho millones de euros pagados en vuelos a Juan Carlos por los que este rindió cuentas en su segunda regularización fiscal, abonando más de cuatro millones. Al frente de Zagatka aparecía De Orleans, el primo de Juan Carlos, pero en sus estatutos también figuraba el rey como tercer beneficiario. Y no sólo él. Felipe estaba en cuarto lugar, y Cristina y Elena, en el quinto. En el momento de la investigación, según explicó De Orleans, en las cuentas de Zagatka había cerca de diez millones de euros. Según declaró Corinna, el rey le había explicado, cuando aún estaban juntos, que la fundación le pertenecía a él, aunque su primo figurase como cabeza visible.

Estos que aquí acaban de exponerse son los hechos. Las conclusiones y los datos que figuran en los autos de archivo de las causas en España y Suiza. Los mismos que desataron reacciones tan opuestas en los partidos políticos. Son la realidad, lo que sucedió, al margen de posteriores conclusiones políticas. El rey Juan Carlos defraudó. Él mismo lo reconoció con las dos regularizaciones fiscales a Hacienda. El rey Juan Carlos recibió 100 millones de dólares de Arabia Saudí. También casi dos millones de dólares en metálico, en un maletín, que él mismo llevó a Ginebra y entregó a su gestor fiscal para que lo ingresara en una cuenta a nombre de una fundación creada en un paraíso fiscal. El rey Juan Carlos tuvo durante años un asesor en Suiza especializado en estructuras financieras opacas. El rey Juan Carlos transfirió a Corinna 65 millones de euros, los 100 millones de dólares que había recibido del rey de Arabia Saudí. Lo hizo firmando un documento en el que quedaba estipulado que se trataba de una donación. Después le exigió que le devolviera el dinero. El rey Juan Carlos también era beneficiario de otra fundación creada en 2003 en otro paraíso fiscal que durante años pagó sus gastos personales al margen de la jefatura del Estado. El rey Juan Carlos no fue encausado judicialmente —y probablemente condenado— por esos presuntos delitos debido a que sucedieron cuando aún era el rey y gozaba de inviolabilidad constitucional.

Estos son los hechos. Irrefutables. Inalterables. A partir de ellos pueden hacerse las interpretaciones o las valoraciones que se quieran. Dependerá de cada cual creer que todos esos hechos que revelaron las investigaciones son los únicos que hubo, o bien desconfiar y pensar que son la punta de un iceberg que no afloró. Creer que los procesos judiciales fueron impecables, o que se otorgó un trato de favor al rey. Creer que el rey tiene buenos amigos con mucho dinero que querían ayudarlo y apoyarlo, sobre todo cuando dejó de ser rey, para que disfrutara de la mejor jubilación y vejez posibles, o que el dinero y los regalos que recibió eran suyos y esos amigos, intermediarios de su fortuna oculta. Creer que el rey recibió un regalo de 100 millones de dólares de su amigo el rey de Arabia Saudí, o que se trataba de un pago por los servicios prestados, por otorgarle el Toisón de Oro, por apoyar la cumbre religiosa en Madrid; en definitiva, por proporcionar durante tantos años prestigio y legitimidad a un país que no los merecía.

Y, después, opinar. Por supuesto, también cada cual opinará lo que quiera. Habrá a quien le parecerá bien que el rey reciba regalos millonarios de amigos y de otros países con los que tiene buenas relaciones y que, además, ofrecen grandes contratos a algunas empresas, y a quien le inquiete la idea de tener un rey, un jefe del Estado, que gana mucho más dinero de otros países que del suyo. Quien opine que el rey se dedicó durante años a blanquear regímenes dictatoriales y a legitimar a sátrapas cobrando por ello, y quien diga que el rey fue adonde le pidió el Gobierno que fuera, y que dijo lo que le recomendaron que dijera. O quien vaya más allá y vea en todo ello la consecuencia de unas relaciones internacionales en las que lo que importan son los contratos y las exportaciones, no los derechos humanos, y que lo mismo hicieron con Arabia Saudí otros líderes internacionales, entre ellos Barack Obama, que incluso obtuvo el Premio Nobel de la Paz. Quien defienda que no le importa que el rey tenga una fortuna oculta en el extranjero porque sólo es dinero, y lo que ha aportado a España y a su historia reciente merece incluso una recompensa mayor, o quien no quiera un jefe del Estado que posee entramados en paraísos fiscales que no se sabe en qué consisten, cuánto dinero ocultan ni cuál es su origen. Habrá quien abogue por la inviolabilidad que la Constitución le otorgó a Juan Carlos durante su reinado y que sigue en vigor con Felipe para proteger al jefe del Estado, y quien la critique porque considere, como decía Aristóteles, que el único Estado estable es aquel en el que todos son iguales ante la ley, o que aún vaya más allá y tema que permitir que un rey sea inmune a la ley puede degenerar en tener un rey que cometa crímenes y salga impune. Quien confíe en Juan Carlos y acepte que también un rey puede cometer errores, y quien intuya que lo revelado en Suiza es una pequeña muestra de un reinado corrupto de comisiones recibidas durante años, maletines repletos de billetes y dudosas e interesadas relaciones internacionales. Quien siga confiando en su hijo y lo considere un rey ejemplar y profesional, limpio de sombras, y quien sospeche de toda la familia y la considere culpable de haber participado o, cuando menos, de haberse aprovechado de las actividades delictivas de un rey que actuaba como el Padrino de la familia. Quien prefiera el poder simbólico de la monarquía frente a la república o la estabilidad de una monarquía imperfecta a la incertidumbre de un cambio de modelo de Estado frente a quien reclame la república como el modelo democrático que la monarquía no es o prefiera un presidente de república elegible a una familia real perpetua salpicada de escándalos.

Todas ellas son, por supuesto, interpretaciones y opiniones válidas y debatibles, pero están basadas en hechos. Hechos al margen de emociones y de ideologías, ajenos a la presión de los partidos políticos y muchos de ellos, incluso, totalmente al margen de la discusión sobre modelos de Estado. Hechos, sin más. Los mismos que aquí están claros. Los que resultan esenciales en esta historia no son tantos, y resultan fáciles de comprender. Esos hechos que, sin embargo, parecen no existir o, lo que quizá es aún peor, no importar. Como si lo que sucediese en Suiza se quedase, todavía, en Suiza.

7

LA FAMILIA, BIEN, GRACIAS

En enero de 2018, a punto de cumplir cincuenta años y tras casi cuatro ya como rey, Felipe abrió, así lo contaron los medios de comunicación, las puertas de la Zarzuela para permitirnos asomarnos durante unos minutos a su vida. El ejercicio de apertura consistió en contratar desde la Casa Real un equipo de cámara de vídeo y fotografía para grabar y retratar la vida privada de la nueva familia real: Felipe, Letizia y sus dos hijas, Leonor y Sofía. En el corte de vídeo que más se difundió vemos a los cuatro sentados a la mesa para cenar. Hay sopa y Felipe suelta un «hummm, qué rico», aunque los platos aún están vacíos. A su derecha Sofía se ríe. Su padre le pregunta por qué lo hace y ella responde que porque le hace gracia. Tras ellos suena el clic de una cámara de fotos y se ve la luz del flash iluminando la escena. Aún no ha anochecido al otro lado de los cristales de su casa en el recinto de la Zarzuela, un chalet de 1.800 metros cuadrados a un kilómetro del palacio, donde Felipe y Letizia viven desde que se casaron en 2004. Después hablan del tiempo mientras Letizia sirve por fin la sopa en los platos y Sofía cuenta que ya ha hecho los deberes de inglés pero que aún le faltan otros por terminar y que, con los nervios de la escena, no recuerda de qué asignatura son.

Los cuatro beben agua. Al menos tienen los vasos llenos. No los tocan. Felipe se toma, además, una copa de vino blanco. Si miramos la cubertería sobre el mantel podemos especular sobre cuál será el postre. Todos tienen colocados en horizontal, entre los platos y el vaso, un tenedor y un cuchillo de postre. Tal vez haya tarta. ¿De qué será? Quizá sea fruta. ¿Allí, en familia, también la comen con cuchillo y tenedor? Parece una escena familiar y sencilla. Habrá quien la vea y la defina como entrañable. Pero algo la distorsiona. Y no es el nerviosismo de Sofía, que aún no ha cumplido los once años y aunque sea infanta de España, hija de rey y hermana de futura reina, no puede evitar la risa nerviosa que le provoca cenar rodeada de cámaras y ver a su padre tratando, porque eso es lo que hace, de comportarse como si no estuvieran. Letizia disimula peor. Parece forzada. Tensa. Como si esperase que apareciera, cual invitado que llega tarde, uno de los políticos que reclaman el fin de la monarquía. O quizá aún peor: como si de un momento a otro fuera a presentarse su suegro, Juan Carlos, que sigue siendo por aquel entonces su vecino de palacio.

Los reyes lo han intentado. La familia, bien, gracias, quiere decir el vídeo. No son los únicos, en realidad, que se quedan en el intento. En España cada vez que un político trata de imitar a Obama o de emular a Kennedy, porque eso es lo que hacen, no le sale.

John F. Kennedy fue el primer presidente que tuvo un fotógrafo oficial. Hasta entonces el trabajo lo hacían fotógrafos del ejército. Se dedicaban, básicamente, a retratar al presidente con los visitantes que recibía en la Casa Blanca. Con Kennedy cambió. Era la época del nacimiento de la televisión como gran medio de comunicación y se decidió que contar con un buen fotógrafo exclusivamente dedicado al presidente permitiría mostrarlo en acción y así aumentar la confianza de los norteamericanos en su nuevo líder. El elegido fue Cecil Stoughton, gran fotógrafo y capitán del ejército. Durante los treinta y cuatro meses de presidencia de JFK realizó más de ocho mil fotos del presidente y de su familia que hoy en día forman parte de la historia del país. Con ellas, tras el asesinato del presidente, su viuda, Jacqueline Kennedy, creó el mito de Camelot.

En una entrevista concedida a la revista *Life* tras el magnicidio, Jacqueline contaba que la canción favorita de JFK era el número final del musical de Broadway *Camelot*, inspirado en la leyenda del rey Arturo. «No olvidemos que una vez existió un lugar que, durante un breve pero brillante momento, fue conocido como Camelot», decía la letra de la canción. «Nunca volverá a haber otro Camelot. Habrá otros grandes presidentes, pero jamás volverá a haber otro Camelot», proclamaba ella ante el periodista. Aquellas imágenes de Stoughton, como las célebres instantáneas de Kennedy jugando con sus hijos en el Despacho Oval —de ahí el paralelismo con la Zarzuela—, eran la prueba visual perfecta del mito que acababa de crear.

Desde entonces, todos los presidentes, salvo Jim Carter, han tenido su fotógrafo oficial. Pero no todos les dieron el mismo acceso. Gerald Ford, con David Hume Kennerly, fue probablemente quien mejor lo hizo. Quería restaurar la confianza en la presidencia tras la dimisión de Nixon y le permitió un acceso absoluto. En el lado opuesto estuvo Nixon, que apenas dio libertad a su fotógrafo, Oliver F. Atkins, para seguirlo. Sin embargo, paradojas del destino, una foto suya, la de la recepción a Elvis Presley en la Casa Blanca, es una de las más famosas y demandadas de los archivos presidenciales.

El gran cambio, la revolución, llegó con Barack Obama. Si hasta aquel momento el trabajo de los fotógrafos oficiales era documentar la historia, con Obama se convirtió en crear la historia. Entonces irrumpió en escena Pete Souza, el fotógrafo oficial de Obama, que ya había trabajado en la Casa Blanca en los años ochenta con Reagan. Aprovecharon al máximo las nuevas redes sociales y empezaron a distribuir gratuitamente cientos de imágenes visualmente poderosas. En paralelo, la Casa Blanca también comenzó a limitar el acceso de los reporteros.

Así controlaban el mensaje. Podían llegar al público directamente con las fotos de Souza. No necesitaban a los medios, exponerse a ellos ni trabajar como antes. Obama, retratado por Souza, resultaba carismático. Siempre se movía en un perfecto plano cinematográfico. Siempre se mostraba fuerte. No dudaba. No se llevaba las manos a la cabeza. No se ponía nervioso. Tampoco se enfadaba. Igual dirigía una operación especial contra Bin Laden como comandante en jefe, que flirteaba con Michelle como un marido ideal. Era la mejor imagen posible de un líder. Y, lo más importante, esa imagen era la única que se publicaba en todo el mundo. La única que existía.

El precedente que Obama creó y el desarrollo de la estrategia con Souza resultaban perfectos para cualquier presidente con pocos escrúpulos frente a los medios de comunicación. Era un código no escrito que simplemente debía copiarse y que permitiría ensalzar al inquilino de la Casa Blanca como se quisiera al margen de cómo lo hiciesen los medios tradicionales. Controlar la imagen, direccionar el mensaje. Y, sobre todo, crear el perfil de líder que se necesita: desde el poder a la intimidad.

Ese era el objetivo de aquel vídeo difundido por la Zarzuela. Mostrar la intimidad de una Familia Real, con mayúsculas, porque son los reyes y sus hijas —una, princesa y la otra, infanta—, que a su vez es una familia real, con minúsculas, una familia española que cena sopa y que habla de los deberes del colegio. Pero Sofía se ríe nerviosa, Felipe acaba hablando del tiempo, ese día llueve, que es el recurso de los desconocidos para evitar silencios incómodos, el tema más común de las conversaciones forzadas, y Letizia apenas disimula lo extraño de la situación, de la actuación que en realidad están llevando a cabo. La orden, o la indicación, porque a los reyes no se les dan órdenes, de que se comporten con normalidad, como si las cámaras no estuvieran. Cada vez que le dicen algo así a alguien casi nunca funciona. Si no, que cada cual piense simplemente en cómo ha reaccionado cuando le han hecho una foto y le han dicho que así no, que con ese gesto o ese otro no, que posen naturales.

No les sucede únicamente a los reyes. Basta ver las imágenes de políticos que en algún momento han tratado de mostrarse como Obama, en sus casas, en sus despachos o en sus aviones oficiales. Para hacer eso hay que saber hacerlo. Y querer hacerlo. Como Obama. Hay que permitir un acceso total y acostumbrarse a ello. Y, sobre todo, es necesario creer en ello. Pero ¿cómo se muestra normalidad en palacio cuando el enemigo no asedia las murallas del castillo, como antaño, sino que está dentro del propio palacio?

«Una monarquía renovada para un tiempo nuevo», resumió Felipe, en su discurso de coronación, su ascensión al trono en 2014. Seis años después, en la Navidad de 2020, cuando los españoles recuperaron el antiguo interés por el mensaje televisado del rey, seguía insistiendo en esa idea, recordando los principios morales y éticos que los ciudadanos reclamaban y que estaban, como añadía, por encima de cualquier consideración, de la naturaleza que fuese, incluso de las de índole personal o familiar.

Por supuesto, se refería, veladamente —todo es sutileza en estos mensajes—, a su padre. Ya en 2014, pese a la abdicación, Juan Carlos le había cedido una corona en mínimos históricos de aceptación por la polémica de Botsuana y Corinna y, sobre todo, por el escándalo familiar del caso Nóos. Pero en 2020, aquella Navidad, dos años después de la cena con las niñas en la Zarzuela, la realidad había superado cualquier ficción. «No será difícil que el año 2021 mejore a este 2020», decía Felipe rematando su discurso de Nochebuena. Hablaba de la pandemia, pero podía estar hablando perfectamente de la corona, de su familia y de cómo ser rey en mitad de la tormenta.

Desde que Felipe y Letizia llegaron al trono se esforzaron por mostrar esa monarquía renovada que prometió el día de su coronación. Pocos meses después de su coronación, la Casa Real anunció que sus cuentas serían controladas anualmente por una auditoría externa, y que se había aprobado un código de conducta para todo el personal de la institución. Ahí, por supuesto, estaba incluida la familia real. En ese código se señala que no se podrá usar el nombre de la Casa, ni ninguna información relacionada con esta, en beneficio propio ni de terceros, y que no se admitirán regalos y servicios más allá de aquellos que sean meras muestras de cortesía, ni retribuciones económicas al margen del sueldo oficial. Es decir, todo lo que previamente, como la investigación suiza había expuesto, hizo Juan Carlos.

Durante los años siguientes aprobaron, y anunciaron, porque eso era lo importante, mostrar esa monarquía renovada, hacer que se creyera en ella con hechos, otras medidas para dar mayor transparencia a la corona. Desde entonces, además de la auditoría externa, el rey ha declarado su patrimonio y la Casa Real publica desde 2016 la lista de regalos que se reciben en palacio cada año, y que pasan a ser de Patrimonio Nacional. La mayoría son presentes institucionales, nada relevante, poco más que adornos. En la lista también figuran los que recibe la reina Sofía, pero no los de Juan Carlos.

No todos los cambios estaban enfocados en el terreno de las finanzas de la familia, sin duda el más relevante y polémico. También los hubo de carácter más estético. Se acortaron las vacaciones de verano en Marivent de un mes a menos de dos semanas. Y se cambió, sobre todo, la imagen de la familia. El objetivo era desterrar la imagen de la familia que se había hecho célebre, la de la familia idílica, en la que aparecían todos, desde los reyes hasta los nietos, posando en ese palacio de Marivent. Con Felipe y Letizia la foto no se repitió. Ya no había retratos estáticos delante del palacio. Ahora eran fotografiados paseando por Palma. Pero es que, literalmente, ya no había familia. La familia real se fue reduciendo, como en un *reality* de televisión, hasta que sólo quedaron los reyes y sus hijas.

Una familia de cuatro. El resto de los miembros, la imagen de la monarquía anterior, la que Felipe había prometido renovar, no debían aparecer en la foto. Si lo hacía podían dañar el Camelot que Felipe y Letizia necesitaban construir. Mientras estuvieran los cuatro, la familia seguiría bien, gracias.

En el Relevo solemne, como se llama a ese cambio de guardia que se celebra cada primer miércoles de mes en el patio del Palacio Real, hay un momento en el que una batería de cañones del año 1906 dispara apuntando a la catedral de la Almudena. Son salvas con cartuchos de fogueo. Atruenan en el patio y entusiasman a los espectadores. Oyéndolos retumbar, aunque apunten en dirección contraria al palacio, parecen una metáfora del todavía corto reinado de Felipe. Los cañones no están fuera de palacio, al otro lado de los muros de una ciudad asediada, de un castillo desde cuyas almenas los arqueros del rey repelen el ataque enemigo, sino en el interior. El fuego es fuego amigo convertido en fuego enemigo. Recuerdan a un Juan Carlos convertido, en los primeros años de reinado de Felipe, en el mayor enemigo de la corona.

Mientras en la Zarzuela trataban de exhibir la nueva normalidad de la monarquía renovada que había prometido Felipe, desde fuera llegaban noticias del anterior rey y su reinado. Fue con Felipe como rey cuando Urdangarín fue condenado por el caso Nóos y su hermana Cristina absuelta, con las sospechas incluidas de que se organizó una operación de Estado para salvarla. Un trato de favor podía resultar más dañino que una condena para la corona. Con Felipe en el trono, mientras su equipo aprobaba esas medidas para mostrar mayor transparencia, se conocieron todas las noticias más escandalosas de Juan Carlos. Las grabaciones de Villarejo a Corinna con sus acusaciones sobre unos negocios que supuestamente no existían. La apertura de las investigaciones judiciales en España y, sobre todo, en Suiza. La existencia de los 100 millones de dólares que el rey de Arabia Saudí le había regalado a Juan Carlos y la posterior donación a Corinna. El caso de las tarjetas de crédito opacas que algunos miembros de su familia, entre ellos su madre, Sofía, habían usado. Las comisiones de investigación sobre Juan Carlos vetadas en el Congreso de los Diputados, con la consiguiente sospecha de presunto trato de favor, esta vez por parte de los partidos políticos, con el PSOE y el PP al frente. Un goteo constante que en marzo de 2020 alcanzó su punto de ebullición. Y explotó todo.

Aquel mes, al mismo tiempo que en España se decretaba el estado de alarma por la pandemia del coronavirus, el rey Felipe tomó una decisión tan insólita como drástica. Mediante un comunicado durísimo castigó públicamente a su padre retirándole el sueldo como rey emérito y anunció que renunciaba a esa herencia a la que legalmente le resultaba imposible renunciar aún. No importaba. Lo que importaba es que con esta decisión —tal como sucedería con las posteriores regularizaciones fiscales de Juan Carlos— Felipe reconocía los oscuros negocios de su padre. Ni presunción de inocencia ni compás de espera hasta que las investigaciones judiciales en curso concluyeran. Felipe se adelantó a todo y reaccionó reconociendo la culpabilidad de su antecesor.

Matar al padre para sobrevivir él. Sacrificar al rey para salvar la corona. Eso hizo. La decisión cogió al país desprevenido y aturdido. Se acababa de decretar el estado de alarma, la pandemia estaba desbocada y la cifra diaria de fallecidos empezaba a crecer a un ritmo aterrador. El escándalo de la corona, se quisiera o no, pasaba a un segundo lugar.

La reacción del nuevo rey fue voluntaria y al mismo tiempo no lo fue. Felipe tomó aquella decisión después de que la prensa publicase que su nombre figuraba como beneficiario en las fundaciones creadas en los paraísos fiscales que estaba investigando la fiscalía suiza. En aquel mismo comunicado, la Zarzuela explicaba que Felipe no tenía conocimiento de su participación, y que en cuanto lo supo dio orden de que lo desvinculasen de dichas fundaciones. Sin embargo, el comunicado encerraba un detalle aún más revelador: en palacio se sabía desde hacía un año que su nombre constaba en los papeles de las fundaciones. Tardó un año en reaccionar públicamente. Lo hizo cuando ya no había otra alternativa. La noticia salió publicada y su nombre trascendió en el sospechoso entramado financiero.

Juan Carlos no era su única amenaza. Junto con la corona Felipe heredó también a los enemigos de su padre. Sobre todo, a Corinna. Felipe supo que era beneficiario de las fundaciones ocultas por Corinna. Por aquel entonces la exnovia del rey acababa de cambiar de estrategia. Después de siete años de acoso por parte del CNI y tras cuatro de guerra abierta con Juan Carlos por los 65 millones de euros, en 2019 sus abogados decidieron modificar su objetivo. Hasta ese momento el conflicto había sido con Juan Carlos. Pero a partir de entonces se trasladaría a toda la corona. Antes apuntaba al rey emérito. Ahora lo haría directamente a Felipe.

Sus abogados escribieron una carta a la Zarzuela en la que, básicamente, anunciaban que Corinna disponía de información muy sensible sobre el nuevo rey. La advertencia latente era sutil pero directa: si la presión contra ella continuaba, si Juan Carlos seguía reclamándole los 65 millones, ella usaría contra la corona la información que tenía de Felipe.

El resultado de aquella carta enviada a la Zarzuela no fue una respuesta desde palacio, sino del propio Juan Carlos. Telefoneó a Corinna y le pidió que se encontraran en Londres. Le dijo que tenían que hablar. Aquel sería su último encuentro. Y no fue nada bien. Corinna, según expuso ella en su demanda contra Juan Carlos en Londres, recibió a su exnovio en su casa. Tenía miedo de lo que pudiera pasar y contrató a un equipo de seguridad para que la acompañara. Juan Carlos se presentó con un hombre a quien Corinna no conocía y al que presentó como su asistente privado. Ella, que ya llevaba siete años alimentándose de suspicacias, sospechó que se trataba de un agente del servicio secreto. No tardó en ver que la conversación no conduciría a ningún acuerdo. Juan Carlos no reconocía haber hecho nada contra ella, tampoco Sanz Roldán, al que defendía, y no paraba de preguntarle, en cambio, qué era lo que ella quería. Corinna se ciñó a la carta que había enviado a la Zarzuela: quería abrir un diálogo. Seguramente, aunque eso no lo refirió en la demanda ni cuando contó públicamente después la reunión, también hablaron de dinero. Él le reclamaría los 65 millones y ella insistiría en que ya eran suyos.

La escena era poco propicia para un armisticio. Juan Carlos, con su misterioso asistente y sus guardaespaldas esperando fuera. Corinna con los suyos. Los dos antiguos amantes, de pronto, bajo protección. Dos personas en otro tiempo tan cercanas que entre ellas ni siquiera se interponía la ropa, ahora estaban separadas por un muro transparente, blindadas. El rey con su séquito y la princesa con el suyo. La escena, aunque no suceda en la campiña inglesa, ni haya caballos, infantería ni trompetas, es una escena de guerra.

No hubo acuerdo. Ni tregua. Meses después, Corinna cumplió su amenaza. Pocos días antes de que estallara la pandemia en España y se decretara el estado de alarma, se publicó la noticia de los 100 millones de dólares ocultos por el rey que la investigación suiza había descubierto. E, inmediatamente después, el diario británico *The Daily Telegraph* publicó que Felipe también aparecía en las fundaciones secretas. No era la primera vez que el periódico disponía de información exclusiva que únicamente podía provenir de Corinna. Tampoco la última. Semanas después el mismo periódico publicaba que la luna de miel secreta de Felipe y Letizia había costado casi medio millón de euros. Corinna, que por aquel entonces se dedicaba a organizar cacerías de lujo, fue la responsable, porque así se lo pidió Juan Carlos, de planear el viaje de los príncipes. Dieciséis años después de haberlo realizado trascendía su desmesurado precio y el secretismo con que se planeó y se ejecutó. La noticia apuntaba otra vez al rey Felipe.

Los recién casados, como anunció tras la boda la Casa Real, iban a pasar una parte de la luna de miel en Cuenca. Parecía como si más que un viaje de novios fuera un viaje en una máquina del tiempo a una España de otra época, cuando salir del pueblo ya era irse de vacaciones. La otra parte del viaje se dijo que era secreta para preservar la intimidad de los príncipes. La noticia del periódico desmantelaba la falsa humildad y sencillez que desde palacio se había vendido de la luna de miel de los príncipes. Las fotografías que habían permitido que les tomasen —estas sí, en Cuenca— eran una cortina de humo tras la cual se escondía un viaje de absoluto lujo excesivamente caro: medio millón de euros.

Los cañones ya no estaban sólo en el patio del palacio, apuntando hacia dentro, como con Juan Carlos, sino también fuera, al otro lado de los muros. Corinna estaba disparando, y no era munición de fogueo. Y además apuntaba al rey Felipe, que en su discurso de coronación había prometido una monarquía renovada para un tiempo nuevo, pero, a juzgar por la noticia de su viaje de recién casados, se había comportado como su padre. Desde la cacería de Botsuana quisieron proteger a Juan Carlos de Corinna por todos los medios. Pero al hacerlo, dejaron expuesta la corona.

Para Felipe ya nada volvió a ser lo mismo. Aunque renegó de su padre y lo castigó, la tormenta no amainó. Ni siquiera cuando Juan Carlos se fue a Abu Dhabi. Al contrario. Las noticias que fueron surgiendo desde entonces continuaron atronando como torpedos lanzados contra el casco de la corona. Felipe y Letizia tratan de mostrarse ejemplares, de cumplir con su promesa de una monarquía renovada, la familia, bien, gracias, pero los titulares los golpean negativamente. Ya con el rey en el extranjero se conocieron todos los detalles de la investigación suiza, las regularizaciones fiscales con las que Juan Carlos reconocía su fraude y las sospechas de que pudo haber trato de favor por parte de la Justicia. Tampoco ayudaron al rey sus propias hermanas, que fueron a visitar a su padre y volvieron vacunadas contra el coronavirus antes incluso de que hubiera vacunas en España. Ni su padre, cuando trascendió que uno de los amigos a los que frecuentaba en Abu Dhabi era El Assir, un traficante de armas internacional con una orden de busca y captura de la Interpol. En cambio, por contraste, no trascendió ni una sola palabra suya, ninguna explicación, como se le reclamaba incluso desde la Moncloa.

Entretanto, incluso los viejos fantasmas resucitaron. En las monarquías no sólo se heredan la corona y los enemigos. A veces, también, los fantasmas del viejo rey. En este caso fueron las noticias acerca de cómo se compró el silencio de Bárbara Rey veinte años atrás. La propia Bárbara, en un giro que parece no ya de thriller, sino de ópera bufa, apareció en televisión confesando sentir lástima por Juan Carlos, acosado por una examante, investigado, viejo y solo en una jaula de oro en un país con temperaturas medias de cuarenta grados en el exterior.

Felipe y Letizia estaban solos. Así se entiende mejor la cara de la reina en aquella cena grabada con el rey y las niñas. Está tensa. Se levanta para servir la sopa de todos y luego se sienta a la mesa e intenta aparentar normalidad. Lo normal sería que no estuvieran allí las cámaras. No se están dejando grabar porque el rey vaya a cumplir cincuenta años y quiera mostrarles a los españoles cómo viven, que son una familia más que toma sopa y habla de los deberes del colegio, sino que tratan de mostrar, sobre todo, que son una familia diferente, que la familia real son ellos, sólo ellos, los cuatro, que toman sopa y se la sirven ellos mismos y que son como cualquier otra familia, pero que, ante todo, no son como la anterior familia.

Letizia y Felipe saben bien que sobre ellos no sólo gravita la amenaza del rey, que en ese momento aún vive en Zarzuela. Cristina se ha salvado de la condena, pero Urdangarín está en la cárcel. Meses después de aquella cena salen a la luz las conversaciones de Corinna y Villarejo en las que la alemana le cuenta al policía que el rey se sentía impune, que no distinguía entre el bien y el mal y que en la Zarzuela tenía una habitación llena de dinero en efectivo donde se sentía como un niño con sus juguetes con una máquina incluso para contarlo. Corinna seguirá hablando después. Una vez que redirija su objetivo y este ya no sea Juan Carlos, sino la corona, contará que toda la familia se gastaba aquel dinero. Corinna no habla directamente de Felipe y Letizia, pero la familia es, ya se sabe, la familia. Ahí también entra en juego el caso de las tarjetas de crédito, que involucra a la propia Sofía. Una peligrosísima línea roja. Sofía es la madre de Felipe. La mujer a la que su hijo ha visto sufrir durante todo su matrimonio con un marido con otras prioridades. La reina profesional, como se la alabó de forma recurrente. Al utilizar las tarjetas de crédito también se convertía en sospechosa y dejaba a Felipe y a Letizia aún más solos.

Cuesta contemplar esas imágenes, esa cena forzada en la Zarzuela, la sopa y los deberes, y otras que se han difundido desde palacio: los reyes llevando a las niñas al colegio, los reyes paseando con sus hijas, que han ido creciendo en medio de esta tormenta y ya son adolescentes, por ciudades como Palma o Girona, y no recordar las que durante años se difundieron de los anteriores reyes y sus hijos. Corrían los años setenta y Juan Carlos y Sofía, aún príncipes, o reyes recién coronados, eran grabados en palacio jugando con el príncipe Felipe y las infantas Elena y Cristina, o filmados años más tarde en Palma durante sus vacaciones, entre yates y regatas. La Zarzuela parecía Camelot. Los hijos de Kennedy correteaban bajo la mesa del Despacho Oval, y los de los reyes, o príncipes a punto de convertirse en reyes, lo hacían por el jardín mientras su padre los grababa en super-8. Querían que fuera Camelot. O, ya sabemos que esto es una monarquía, que al menos lo pareciera.

Kennedy fue elegido presidente frente a Nixon en una de las elecciones más ajustadas de la historia. Cuando murió empezó a convertirse en mito. Juan Carlos aún no era un símbolo. De eso se trataba. De crear, como sucedió con Kennedy, el mito. Además, a Juan Carlos, a diferencia de Felipe y Letizia cenando ante las cámaras, a diferencia de casi todos los políticos, se le daba bien. Era espontáneo, bromista, superficial. Perfecto para cenar rodeado de cámaras. En aquellas imágenes y grabaciones aparecen como la familia idílica. La del *¡Hola!* La familia, bien, gracias. Porque una corona no puede ser sólo un rey.

Como sucede con las fotos familiares, cuesta pensar en ese blindaje de Juan Carlos y su familia y no recordarlo, ahora, con Felipe. La historia, lo sabemos bien, siempre se repite. Pese a las sospechas que cubren a la familia, los políticos y los medios de comunicación ensalzan las virtudes del nuevo rey, su profesionalidad, cómo cumple construyendo la monarquía renovada que prometió. La vida, ya lo dice la canción, sigue igual.

Ninguna referencia, salvo desde algunos partidos, a esas nubes, en forma de noticias, que durante años han llenado de sombras los jardines del Pabellón del Príncipe, donde viven Felipe y Letizia con sus hijas. Las fundaciones en paraísos fiscales, de cuya existencia Felipe tuvo noticia al menos un año antes de referirse públicamente a ellas, las tarjetas ilegales que Sofía y algunos de los nietos del rey usaban para pagarse viajes y caprichos, la habitación del dinero que supuestamente había en la Zarzuela, convertida para Felipe y Letizia en habitación del pánico, porque deben atemorizarse cada vez que se habla de ella... O la certeza de que Felipe vivió bajo el mismo techo que su padre durante décadas.

Pero no, con Felipe ha cambiado todo, proclaman quienes defienden al rey. Es otro rey, insisten, porque no puede estar mejor preparado para el puesto. Pero, además, o, mejor dicho, sobre todo, es otro rey porque es otro tipo de hombre. El relato cuenta que con Juan Carlos no falló el rey, sino el hombre. Como Felipe, por supuesto, además de rey, es hombre, e hijo de su padre, se trata de mostrar, y de repetir, que él es otro hombre, que no tiene ni la pulsión sexual ni la codicia por el dinero del padre. Pero el propio enunciado de esta defensa de Felipe encierra una trampa. Juan Carlos se supone que tampoco era hombre hasta ese extremo, que no estaba dominado por esa codicia ni esa pulsión llegaba a inhabilitarlo, porque nunca lo denunciaron quienes lo conocían ni lo frenaron. Entonces ¿por qué se debe creer ahora que con Felipe no sucede exactamente lo mismo que con el padre? ¿O que no tiene, si no las mismas, otras debilidades incompatibles? Estos son los efectos secundarios, o el reverso, de la construcción del relato sobre un símbolo. Todo parecería diferente, pero todo seguiría, en realidad, igual. Lo importante es que así lo parezca.

Ahora bien, en esa parte del relato, en ese tránsito de reyes a hombres, o de hombres ocultos bajo el símbolo, la mejor garantía para la familia no es Felipe. Su figura exige de nuestra parte creer que es distinto del padre, otra clase de hombre. Sin embargo, con Leonor no es necesario. Su mayor cualidad, probablemente, es la de ser una mujer. Aunque deje de ser reina, como su abuelo, nunca podrá ser hombre. Es una obviedad. Pero probablemente en esta regla de tres tan simple esté su mejor defensa. Nunca podrá tener esos defectos como hombre que hicieron caer al abuelo como rey porque, en primer lugar, no será rey, sino reina, y, en segundo lugar, nunca podrá ser hombre, porque es mujer. Aunque sea lo mismo porque será monarca. De nuevo, todo parece distinto, pero todo sigue igual. Como reza la frase que hizo inmortal la obra *El Gatopardo* y a su contenido, revelador paradigma: «Si queremos que todo siga como está, es preciso que todo cambie».

Un año después de la cena con cámaras en la Zarzuela, Leonor cumplía catorce años y hacía su primer discurso oficial en la entrega de los premios Princesa de Asturias. Como estaba en Oviedo y en sus premios, habló de Asturias, la tierra de su madre, del ejemplo de sus padres y de su título como heredera y del esfuerzo y compromiso que implicaba. No importaba mucho qué dijese porque el discurso no lo había escrito ella. Pero al día siguiente se destacó en los medios su debut «brillante», su «discurso histórico» y su intervención repleta de «simbolismo» y a Leonor se la llamaba doña Leonor.

«Oh, reluciente inquietud», llama Enrique V a la corona de su padre, Enrique IV, moribundo, en la obra de Shakespeare. «Inquieta vive la cabeza que lleva una corona». Con ella en la cabeza, el príncipe, que se acaba de coronar rey, se percata de que su nuevo traje, la majestad, no le sienta tan bien como pensaba. La majestad, la corona, aprieta. Pero, por supuesto, sabe, como él mismo dice, que, aunque toda la fuerza del mundo se concentrase en los brazos de un gigante, estos no conseguirían arrancársela. Sólo soltará la corona para dejársela en herencia, como su padre hizo con él, a los suyos.

Felipe y Letizia son dos reyes en la tormenta. Realizan, pisando arenas movedizas y alfombras rojas abultadas de cadáveres, la travesía del desierto de su corona. No es el *¡Hola!* Es épica. Resistir el acoso del pasado del antiguo rey y abrir una grieta en las sombras que los acechan. Parecen haberlas esquivado, pero intuyen que en cualquier momento pueden envolverlos de nuevo como una tormenta de arena. Y no son metáforas. Es la realidad de una familia que se fue desmontando pieza a pieza y que hoy por hoy sobrevive reducida a cuatro personas, el esqueleto básico, lleva a cabo un control de daños periódico y otea en todas direcciones desde dónde puede venirle el siguiente cañonazo. Pero la familia, bien, gracias.

Felipe es el nuevo símbolo. Sin embargo, su escudo, por mucho que los políticos y los medios de comunicación quieran alabarlo, blindarlo y abrillantarlo como símbolo, es más frágil que el de su padre. Lo sabe. Su mejor protección, eso también lo sabe, no está ahora fuera, sino dentro. Al contrario de lo que sucedió con Juan Carlos. De ahí la secuencia de la cena en la Zarzuela. Leonor observa divertida y en silencio a su hermana Sofía ponerse nerviosa. Eran dos niñas de diez y doce años. Son dos niñas inocentes. Sobre ellas no hay, no puede haberla, ninguna sospecha. No las acecha ninguna sombra propia. Son la mejor acción de Felipe y Letizia. La mayor prueba de la monarquía renovada. El futuro de la corona. En ellas está el porvenir de la institución, y el trabajo de sus padres consiste en lograr que Leonor herede la corona.

Ella tendrá que ser ejemplar en todo momento. Ya no bastará con parecerlo. Y sus padres, hasta que le llegue el turno, habrán de procurar que ninguno de los cañonazos que reciban abra un agujero que los hunda. Ese es el reto. Entretanto, si les preguntan, por supuesto, dirán aquello de «la familia, bien, gracias». Una familia de sólo cuatro miembros. El resto, lo han confirmado ellos mismos, son demasiado peligrosos. La misión de los reyes no consiste únicamente en reinar. Antes que nada deben asegurarse de que la familia permanezca en el trono.

8

DE REY A JEQUE, O UN HOMBRE SOLO

Hay una fotografía de esta historia que apenas trascendió pero que resulta reveladora, sobre todo si se observa con la distancia que proporciona el tiempo. Pertenece al álbum privado de Corinna Larsen y, por supuesto, fue ella quien la hizo pública. Si no, hubiera permanecido desconocida siempre. Es una de las fotografías que muestra la relación que mantuvo con Juan Carlos. La autora es la propia Corinna. Retrata uno de sus momentos de intimidad con el rey. Pero no una intimidad sexual. Es mucho más: la intimidad de una vida en común.

En ella, Juan Carlos está sentado en uno de los sofás de La Angorrilla, la casa que compartieron en El Pardo. Viste una americana de terciopelo verde, camisa blanca y pantalón oscuro. Es un día de celebración. Probablemente, Navidad. Con una mano sostiene en alto una pancarta, como las que se utilizan en algunos concursos para votar, donde se lee «Amour TOUT». Juan Carlos tiene una expresión abierta a interpretaciones. En ella se puede leer asombro, aturdimiento, quizá cansancio. Tal vez sólo sea el atontamiento que provoca, como dice la paleta, el amor. Pero no un amor cualquiera. Un *amour tout*, a todo, extendido, proclamado a los cuatro vientos. Un amor retratado por la persona a la que va dirigido. Un amor, según parece, correspondido, que es el mejor de los amores posibles, frente a la mayor de las tragedias que es el amor no correspondido.

Me imagino a Juan Carlos en su villa de Abu Dhabi, sentado en uno de los sofás del gran salón, solo, sosteniendo la misma paleta, girándola y leyéndola. Donde ponía *amour tout* puede que ahora lea *amour fou*. Ese amor que la expresión francesa define como más obsesivo, más desmesurado; ese enamoramiento en ocasiones inconveniente, socialmente reprochable o directamente imposible. Uno de esos amores que matan.

Trato de imaginar qué pensará al verla, con el duelo de la ruptura de la historia de amor que retrataba aquella foto en su máxima plenitud ya cumplido. Aún más, con el viaje realizado del amor al odio. Desde entonces se rompieron muchas más cosas, no sólo la relación.

¿Recordará ese momento de exaltación amorosa, de rendición total del enamorado, cuando posaba con aquella paleta reconociendo su amor incondicional? ¿En su enfrentamiento con quien fue su novia aún hay margen para que afloren los recuerdos buenos de la relación, esos momentos que el tiempo, además, suele idealizar? La memoria tiene más piedad que la razón.

Me imagino a Juan Carlos, con su paleta, como a un hombre solo. Al antiguo amante ya sin amor en la soledad dolorosa de su villa y de un país extraño, evocando aquel amor tan pasional y profundo que sintió. Añorándolo. Probablemente, el último amor de su vida. Pero también al anciano que fue rey, que debía serlo por encima de todo, y que ahora, alcanzando el final de su vida, derrumbado el símbolo, sólo es hombre, hombre a punto de dejar de serlo para siempre, maldiciendo aquel amor, iracundo y febril en su destierro.

Esta, la de Juan Carlos, es también la historia de un amor que no triunfó. El rey estuvo totalmente prendado de Corinna. Tanto que quiso cambiar de vida por ella. La abdicación, que se vio forzado a asumir como única opción tras la crisis provocada por Botsuana y el caso Nóos, ya la había contemplado antes. En el apogeo de su relación, cuando se dejaba fotografiar con su paleta de amor en la intimidad de la casa —y de la vida— que compartían, Juan Carlos incluso le llegó a pedir que se casara con él. Fue en 2008. Estaba dispuesto a abdicar por ella, a cederle el trono a su hijo Felipe, a divorciarse de Sofía y a pasar con Corinna su vejez, lo que le quedase de vida, sin las ataduras del trono y del matrimonio. Le compró un anillo de pedida y le prometió, siempre según la versión de Corinna, que una vez casados la convertiría en princesa de Borbón. Corinna también desveló, en el único relato en primera persona que existe de la historia, que ella se sintió halagada, pero que sabía que no era posible.

La abdicación se terminaría produciendo, pero seis años después y por otros motivos. La boda, sin embargo, jamás sucedió. De hecho, Juan Carlos sigue casado con Sofía, aunque ahora ya no viven en alas separadas del palacio, como hicieron durante décadas, sino directamente a seis mil kilómetros de distancia, en países diferentes.

El porqué de que aquella historia de amor no terminase en boda no lo sabemos. Al igual que con el gesto de Juan Carlos en la fotografía, sólo podemos barajar interpretaciones. Según la versión de Corinna, ella sabía que no sería posible —y no lo fue—, porque ni el Gobierno español ni la propia Casa Real lo permitirían. Un rey que abdica por amor, que se divorcia y se casa con su amante podría resultar un golpe letal para el simbolismo de una corona. Un rey no es cualquier hombre, y no puede hacer lo que cualquier hombre. La monarquía se sustenta en la forma, está hecha de esas formas, y su supervivencia depende de ellas. Si las pierde, los reyes dejan de ser reyes. Además, la crisis de una corona conlleva la crisis de la jefatura del Estado y del propio modelo de Estado. Demasiado riesgo para un país como España.

Pero podemos especular con otras alternativas. En este caso sucede lo mismo que cuando trascendió el nombre de Corinna y se intuía una mano oculta detrás. Al detective que indagó acerca de quién era el culpable en palacio, una vez descartado al mayordomo, ahora le toca averiguar por qué este cuento entre un rey, que quizá hacía tiempo que dejó de serlo, y una princesa que nunca lo fue, no terminó con el célebre «fueron felices y comieron perdices».

¿Tal vez se opuso la familia de Juan Carlos? El rey informó a sus tres hijos de sus planes de boda. Así lo contó también Corinna, y algunos periodistas lo confirmaron. Ellos, institucionales y precavidos, quizá le advirtieran de que anteponer el corazón a la razón ponía en peligro la corona, y con esta al país. Tal vez sólo fueron sus hijas quienes lo hicieron, Elena y Cristina, temerosas de que la mujer de la que estaba tan locamente enamorado se quedara con la herencia secreta que Juan Carlos dejaría al fallecer. O quizá le recomendaron no hacerlo porque con Juan Carlos en el trono ellas eran hijas de rey, infantas, mientras que con su hermano Felipe como rey pasarían a ser hermanas de rey y perderían su posición en el centro de la familia real. Pero también pudo suceder lo contrario, que las hijas, viendo a su padre feliz, le dijeran que adelante, que ya pasaría la tormenta de la decisión, que ya se había sacrificado muchos años en el trono y había llegado el momento de disfrutar de una vejez plácida, sin agenda oficial, sin restricciones y disfrutando de su amor. O que eso mismo le sugiriera su hijo, preparado para reinar junto a Letizia, ansioso por que llegara su turno y no tener que envejecer en el banquillo como su pariente Carlos de Inglaterra. En esta línea, desde el Estado, desde el propio Gobierno y la Casa Real, quizá le recomendaron no hacerlo, para qué tocar algo que funcionaba, por qué arriesgarse, pero no se lo prohibieron. A fin de cuentas, era su vida.

¿Y si, llegados a este punto, nuestro detective pensase que fue la propia Corinna quien impidió que la historia de amor culminase en boda? Quizá a ella le gustaba ser la pareja de un rey, pero no le agradaba la idea de ser la esposa de un rey sin trono; de un hombre, pues ya no sería más que un hombre, y además viejo y con problemas de salud. La esposa mucho más joven de un anciano.

Corinna es una mujer inteligente y calculadora. Sabe que uno de los primeros síntomas cuando se abandona el poder es que el teléfono deja de sonar. Se pierden el poder y la influencia. Incluso los contactos de la persona que estuvo sentada en el trono se van olvidando de ella poco a poco. Un rey sin corona deja de ser un rey. Ella lo intuiría, primero, y lo confirmó después. Así se lo contó ella misma al policía Villarejo. En uno de los momentos de su conversación, le explica que el rey está llamando a su entorno en común acusándola de haberle robado y traicionado. Juan Carlos ya le reclama los 65 millones de euros que supuestamente le regaló. Pero eso Corinna no se lo cuenta al policía. En la lista de llamadas de Juan Carlos que menciona figura una a Rusia y otra a Bill Clinton. Dice Corinna que lo sabe porque se lo han dicho, porque tiene buenas relaciones tanto con el Gobierno ruso como con la Fundación Clinton. Pero ya no le prestan atención al rey. Ellos sólo se fijan en los resultados y, sin trono, él ya no puede serles de utilidad. La vida, añade para rematar su explicación, es así.

Según su propio relato, Corinna se sintió muy halagada por la proposición de matrimonio. También —repetía— estaba enamorada de Juan Carlos, pero sabía que no le permitirían abdicar, divorciarse y casarse con ella. Tal vez Corinna ambicionara la corona, consumar su ascenso, o su escalada, convirtiéndose en reina. Reina consorte. Una cima imposible. Pero la ambición no conoce límites. La princesa Sayn-Wittgenstein convertida nuevamente, como en los cuentos, en la plebeya Larsen. Para unos, la malvada de la película. Otra sospechosa. Para otros, la víctima, o una de las víctimas, de esta tragedia áulica. Al final se quedó con el dinero, pero sin la corona. Como Juan Carlos, que dejó el trono y acabó, seis años después, dejando también el país. Que pasó de ser rey a ser jeque, o un hombre solo, con acento y sin acento, en los dos sentidos de la palabra «solo», recordando en el ocaso de sus días su amor más *tout* o más *fou*, entre la nostalgia y el rencor.

Hay cierta fatalidad en el destino de Juan Carlos. Viejo y solo al final de su vida, en un país extraño, como el niño que fue enviado a España para criarse bajo la tutela de un dictador enemigo de su padre. Traicionado en la infancia, desterrado del hogar familiar, con la misión de recuperar la corona para su familia, y en la vejez, por su hijo, para salvar la corona que él recuperó. ¿Un rey es consciente de la importancia histórica que conlleva proteger su corona, o es un hombre herido que sufre como hombre?

El 3 de agosto de 2020 Juan Carlos se fue de España por sorpresa. En mitad del verano, en el mes que más españoles escogen para sus vacaciones. En el primer verano tras el confinamiento, cuando aún seguían las restricciones, con el virus del covid golpeando todavía, se subió a un avión y desapareció. El país estaba aturdido aún por la pandemia, en plena zozobra vírica. Juan Carlos dejó atrás España y tomó un rumbo para todos incierto. Nadie sabía adónde se había ido. Antes de hacerlo le escribió una carta a Felipe que la Casa Real hizo pública. En esta justificaba su decisión para evitar que las noticias sobre su fortuna oculta y sus cuentas en paraísos fiscales perjudicasen a su hijo y su reinado. Al parecer, el problema eran las noticias que se habían publicado, no la fortuna.

La Casa Real y el Gobierno sabían adónde se dirigía, pero no lo contaron. Tardaron dos semanas en hacerlo. Hasta el día 17 la Zarzuela no confirmó que Juan Carlos estaba en Abu Dhabi. La secuencia de aquellos días, sobre todo la inaudita y dramática partida del día 3, no la escribe ni el guionista más creativo. Un rey marchándose, inesperadamente, de su país, en pleno mes de vacaciones, aprovechando el aturdimiento de la pandemia, escribiendo una carta de despedida a su hijo antes de partir y acabar en paradero desconocido.

En su carta, Juan Carlos le contaba a Felipe que se iba por la repercusión pública que generaban ciertos acontecimientos pasados de su vida privada. En toda historia de reyes, el lenguaje siempre es fundamental. Como en sus discursos de Navidad, donde parecía no decir nada y los políticos lo interpretaban todo, en su carta el rey menciona ciertos acontecimientos pasados. Ya había una investigación abierta en Suiza por posible blanqueo, pero para él eran acontecimientos pasados. También dice que pertenecen a su vida privada. Las dos esferas en las que siempre se movió Juan Carlos. La pública, la oficial, en la que era rey. Y la privada, la desconocida, oculta y protegida, en la que era hombre.

El rey Juan Carlos se marchó de España. O lo echaron de España. O se exilió fuera de España. O se mudó. O huyó. O se refugió... Cada cual que ponga el verbo que prefiera, como en esos libros infantiles en los que se puede elegir una aventura a medida, y optar por la versión que más guste (o convenga). Existen exilios exteriores e interiores. En los primeros uno abandona o huye de un lugar, obligado o empujado por las circunstancias. En los segundos, uno trata de escapar de sí mismo y de sus circunstancias. Suelen camuflarse con un viaje geográfico también, aunque de nada sirven los mapas. La partida del rey se vendió como un castigo de su hijo: un exilio exterior impuesto. Para que prevaleciese la idea de que Felipe no había puesto un cortafuegos entre ambos, sino fronteras y océanos. Matar al padre para salvar la corona. Aunque fuera con balas de fogueo.

Pero esta no era una cuestión geográfica. El exilio del rey no era exterior. De nada servían los aviones. Su exilio era interior. Trataba de escapar de sí mismo, porque los inquilinos de la Zarzuela, que no podían abandonar el palacio, sólo huirían de él si desaparecía. Pero ahí se quedó, en realidad, donde siempre estuvo, convertido en sombra en una familia de relaciones rotas pero cómplices, sentándose su ausencia a la mesa todos los días. Por mucho que pusiera tierra de por medio, no había distancias que valiesen. ¿De verdad era necesario que se fuera de España? ¿No hubiese bastado, a efectos simbólicos, con que saliera de la Zarzuela?

Esta historia, la de Juan Carlos, y la historia reciente de la monarquía española, es una historia de símbolos y de imágenes. Él lo fue, como ahora intenta serlo su hijo. Con su marcha a los Emiratos Árabes Juan Carlos se fue a un lugar del mundo donde lo aprecian. Allí sería más que un jeque. Los reyes del golfo Pérsico llevan llamándolo hermano desde hace décadas. Cuando partió hacia a Abu Dhabi se fue con los suyos, en un sentido etimológico, porque la realidad es otra cosa. Optó por un retiro, por un destino donde sabía que no lo perseguirían los periodistas ni los *paparazzi*, ni se encontraría con ningún grupo de españoles dando voces, pregonando que como en España no se come en ningún sitio y pidiéndole selfis. Abu Dhabi es hermético. Más aún en la isla de Nurai, donde se instaló, de un kilómetro cuadrado de extensión, a quince minutos en barco de la capital del emirato. Una burbuja privada y suntuosa donde disfrutar, o sobrellevar —que cada cual elija también el verbo que prefiera— la expulsión forzada por su hijo, el exilio impuesto o el retiro dorado escogido. Pero el filtro del simbolismo no sólo se aplica en positivo. También tiene su reverso. Visto desde este, Juan Carlos no sólo eligió un paraíso fiscal y un país sin acuerdos de extradición con España. También volvió al lugar del crimen. De allí, de esos países del golfo Pérsico con sus hermanos reyes, emires y sultanes al frente, provenía gran parte del dinero que tuvo oculto durante años en cuentas y fundaciones secretas en otros paraísos fiscales. La fortuna que jamás pudo acumular con su salario oficial de rey.

Tal vez el rey miraba a su alrededor y pensaba que un rey no era rey sólo por la corona que no lucía, por el trono en el que no se sentaba ni por el cetro que no sostenía, sino también por la fortuna con la que contaba. Sus hermanos árabes eran multimillonarios y monarcas absolutos. Pero también sus homólogos europeos eran extremadamente ricos, entre ellos algunos parientes cercanos. La reina Isabel de Inglaterra, su prima, poseía un patrimonio de más de 500 millones de euros. El príncipe Alberto de Mónaco es dueño de una buena parte del principado. Ni siquiera se sabe de cuánta. A la familia real de Liechtenstein, la más rica del continente, se le calcula una fortuna de más de cuatro mil millones... La familia real española, en cambio, es, junto con la noruega, la que oficialmente menos patrimonio posee del continente.

Quizá Juan Carlos sintió el agravio comparativo durante años y que era rey pero que no lo sería hasta que fuera como el resto. Le pudo la envidia, o la codicia. Quizá ambas. Tal vez pensó que, si otros ganaban gracias a él, también él tenía derecho a ganar. Si hacía más ricos a los empresarios que lo rodeaban, también ellos podían hacerlo más rico a él. Todos ganaban y nadie, mirando solo la cuenta de resultados, perdía.

Quizá, simplemente, nunca confió en los españoles, que habían echado a su abuelo del trono siete años antes de que él naciera. Crecería escuchando aquella historia familiar, en la que un pueblo traicionaba a su rey, como la contaría la familia. ¿Desconfió de los españoles cuando necesitaba que confiaran en él, y decidió amasar una fortuna por si la historia de su abuelo se repetía? Igual que les sucede a algunas parejas. Una mañana empiezan a mirarse raro y a sospechar el uno del otro. Ninguno de los dos sabría explicar bien por qué. No tienen pruebas. Pero acaban desconfiando y engañándose, porque están seguros de que ya han sido engañados por el otro. La profecía autocumplida. Juan Carlos se marchó del país, como su abuelo, castigado, exiliado o de forma voluntaria. Pero no lo hizo movido por la desconfianza de los españoles, sino porque trascendió la fortuna que había acumulado por desconfiar de ellos.

Con esa interpretación de lo simbólico en torno al rey, con ese filtro que puede volverse en contra y ser también negativo, si se amplía el foco, Juan Carlos no sólo se marchó a vivir al lugar del crimen. Viajar allí fue lo último que hizo como rey seis años antes.

Tal como reveló la investigación de Suiza, y se trata de hechos probados, el rey no sólo recibió 100 millones de dólares del rey de Arabia Saudí. También se hizo con dos millones más, procedentes de Baréin, en billetes, que él mismo trasladó a Suiza en un maletín. Corinna ya le había contado a Villarejo, y después lo haría públicamente, que cada vez que Juan Carlos regresaba de sus viajes por los países del golfo Pérsico lo hacía cargado de maletines como aquel. Eran regalos que le hacían los emires, reyes o sultanes que lo llamaban hermano. A aquellos árabes saludaba también Juan Carlos en sus mensajes navideños de los años noventa, cuando se despedía deseando prosperidad a los pueblos amigos de Iberoamérica y de los países árabes.

En la primavera de 2014, en la Zarzuela ya se había decidido la abdicación del monarca y se ultimaba en secreto. Se anunciaría en junio. Semanas antes, Juan Carlos hizo sus últimos viajes oficiales en calidad de rey. En abril estuvo en Abu Dhabi, adonde se marcharía seis años después, en Kuwait y en Omán. En mayo, en Baréin y en Arabia saudí. La Casa Real colgó en Youtube las imágenes de aquellos viajes. En todos se repite el mismo protocolo. Juan Carlos es recibido y despedido, al pie de su avión oficial, por los dirigentes árabes. Se abrazan y besan en las mejillas, pasan revista a las tropas que forman alrededor y se piropean mutuamente en el vestíbulo del aeropuerto. Era una gira promovida por el Gobierno, concretamente por el Ministerio de Asuntos Exteriores, para reforzar las relaciones bilaterales entre España y esos países tan atractivos, como se explicó, por el dinamismo de sus economías. En ese dinamismo, convertido para España en prioridad estratégica, como se dijo también, estaba la aspiración de que las grandes empresas españolas firmaran nuevos contratos multimillonarios con esos países árabes.

Juan Carlos ya sabía que en pocas semanas anunciaría su abdicación y dejaría de ser rey. Se preparaba para empezar una nueva vida, como rey sin trono, que nunca imaginó. O, mejor dicho, que sólo imaginó, y soñó, con Corinna a su lado. Roto el amor, sin Corinna, cambiaba radicalmente el escenario. Ahora la abdicación era forzada, y Juan Carlos iniciaría una nueva vida desconocida. Si esos reyes, emires y sultanes eran sus hermanos, ¿les contaría Juan Carlos lo que estaba a punto de hacer? Y si lo hizo —¿por qué habría de ocultarle secretos a un hermano?—, ¿lo obsequiarían con más maletines llenos de dinero o transferencias millonarias para que pudiera disfrutar de una jubilación placentera y lujosa? Una vez más, aquí, que cada cual escoja su propio camino... Desconocemos los hechos. Sólo sabemos que esos países fueron los últimos que visitó como rey y que en uno de ellos decidió refugiarse, o retirarse, o exiliarse aquel 3 de agosto.

Juan Carlos le contó a su hijo Felipe en la carta que le envió que era una decisión meditada. Desde la Zarzuela se explicó que, además de meditada por Juan Carlos, como él mismo decía, también había sido consensuada con su hijo. Con el paso de los años aquella marcha dio pie a múltiples interpretaciones. No fue Juan Carlos, apuntaron algunos medios, quien se fue, sino Felipe quien lo echó. El resultado cambiaba mucho según nos decantemos por una u otra opción. Si fue el rey quien se marchó, había sido por decisión propia. Si lo echó el rey hijo, el simbolismo resultaba brutal. Felipe no sólo había castigado públicamente a su padre en marzo, mientras se decretaba el estado de alarma, condenándolo sin juicio por su fortuna oculta, sino que, además, ahora directamente lo expulsaba del país en el que había reinado durante cuarenta años. Se desmarcaba radicalmente de él y de lo que hubiera hecho. La suya, como había prometido en su coronación, sería una monarquía renovada. Tanto que se deshacía del anterior rey, desterrándolo. Juan Carlos se había convertido en una presencia incómoda en la Zarzuela. Una sombra amenazante. Las noticias sobre Corinna, las investigaciones en curso y su patrimonio oculto horadaban la corona como una gota malaya. Cada nuevo titular se convertía en un cañonazo. Pero Felipe se había deshecho del padre. Lo había castigado. Lo había expulsado de España. Así se contó.

No era, por supuesto, la única forma de hacerlo. En la Zarzuela, Juan Carlos era ese inquietante fantasma, pero él tampoco se sentía cómodo allí. Encerrado en palacio, en plena pandemia, con las relaciones familiares deshechas y solo, el rey llevaba meses asfixiándose entre aquellas paredes. El castigo de Felipe en marzo de 2020 y el confinamiento por la pandemia acabaron por desencadenarlo todo. Pero el proceso había comenzado años atrás.

Tras caerse en Botsuana, a Juan Carlos no sólo le dolía la cadera, de la que fue operado varias veces, las piernas y la espalda. Tenía que mostrarse fuerte, en plena forma, como el rey que había sido veinte años antes. No había margen para convalecencias. También le dolía España, pero no como le dolió y lo hizo célebre Unamuno. A Juan Carlos le dolía la reacción de los españoles. La consideraba injusta, según le confesó a Corinna, que aún era su amiga más íntima y hablaban a diario. Lo criticaban por haberse ido a cazar y por tener una amante. Los españoles no se acordaban del gran rey que había sido.

Aquel dolor no desapareció. Al contrario, siguió durante años, cada vez más agudo. Hasta hacerse crónico. A eso se sumó tras su abdicación —Juan Carlos así se lo confesó a sus amigos— que se sintió también abandonado. Ahora no sólo por su pueblo. También por su hijo. Pensaba que Felipe, recién coronado, contaría con él, buscaría su apoyo y su consejo en sus primeros años de reinado. Pero no tardó en descubrir que su hijo no lo necesitaba. Ni siquiera lo llamaba.

Además, Juan Carlos se quedó sin despacho en la Zarzuela, pues ahora lo ocupaba Felipe. Juan Carlos aprendió de golpe eso que Corinna tenía tan claro de que en cuanto se abandona el poder deja de sonar el teléfono. Los políticos y los empresarios ya no acudían a la Zarzuela a visitarlo a él, sino a su hijo. Se intentó buscar una salida a la situación tan anómala que se vivía en palacio, con dos reyes bajo el mismo techo, y decidieron que Juan Carlos dispondría de un espacio propio en el Palacio Real para sus actividades. Se le habilitó un despacho y una sala de audiencias. Pero, entonces, el rey emérito no sólo sintió que lo habían echado de la Zarzuela, su palacio, sino que allí, en el Palacio Real, rodeado de tapices, cuadros y bustos antiguos, empezó a verse como una pieza de museo. En la primavera de 2019 se dio un paso más con el anuncio de que ya no desempeñaría más actividades oficiales. La fecha, y todos los detalles importan en esta historia, coincidía con esa carta que los abogados de Corinna habían enviado a la Zarzuela. Juan Carlos se jubilaba incluso como rey emérito. Se dedicaría sólo a vivir. Sin agenda ni compromisos. Y entonces llegó para todos, súbita y terrible, la pandemia.

El confinamiento lo encerró en palacio, sin nada que hacer, sin apenas relaciones familiares y con Corinna convertida en su enemiga. Juan Carlos necesitaba huir. No sólo de España. También de sí mismo. Del rey sin trono en que se había convertido y del palacio transformado en cárcel. Y eso hizo. Puso tierra de por medio con respecto a todo. A su palacio, a su familia y a su pueblo. Acabó marchándose a Abu Dhabi en un jet privado desde el aeropuerto de Vigo.

Regresó al mismo aeropuerto en mayo de 2022, casi dos años después; 654 días más tarde, tal como contabilizaron los periódicos. El rey había esperado a que se archivaran las investigaciones abiertas contra él para volver a España. Fue una visita corta, apenas cuatro días, pero resultó todo un espectáculo. Juan Carlos pasó un fin de semana navegando en Sanxenxo, participando en una regata, antes de acudir a una reunión en la Zarzuela con su hijo. Hacía dos años que no se veían. Dos años desde que se fue por sorpresa. De la reunión y la comida familiar no existen datos ni imágenes. De aquel regreso de Juan Carlos, visto, de nuevo, con la perspectiva del tiempo, sí han quedado algunas estampas que poseen una gran carga simbólica.

La primera, el propio regreso, en un jet privado que no se sabe quién pagó, un regalo a Juan Carlos que no constaba en ningún listado de regalos, en contraposición con los escudos, jarrones y otros obsequios institucionales que casi al mismo tiempo la Zarzuela publicitaba como presentes recibidos por los reyes, sus hijas y la reina Sofía. La segunda, la reveladora imagen de la localidad de Sanxenxo, dividida entre las manifestaciones contra el rey y la monarquía y las decenas de simpatizantes que aclamaban a Juan Carlos. Un pueblo partido en dos en un mismo paseo marítimo, como si viviera dos realidades paralelas y opuestas.

Y la tercera: una frase del rey. Cuando una periodista le preguntó si pensaba darle alguna explicación a su hijo, él que acababa de bajar la ventanilla del coche en el que iba de copiloto, respondió: «¿Explicaciones, de qué?». Todos los medios de comunicación recogieron la frase. Fue la escena del viaje y el resumen de su fugaz regreso.

¿Qué significaba aquella frase? Se puede jugar con ella. Cada cual que la interprete como desee. «¿Explicaciones, de qué?», responde Juan Carlos, mientras piensa: «Soy inocente, tal como demuestra el archivo de las causas judiciales». «¿Explicaciones, de qué, si no he robado ni malversado dinero público, como sí han hecho tantos políticos, y encima enmendé mis errores pagando a Hacienda?». «¿Explicaciones, de qué, si soy un rey que puede haber cometido algún error pero salvé al país?». «¿Explicaciones de qué, si no soy consciente de haber hecho nada malo, si ya se lo dijo Corinna, que me conoce muy bien, a Villarejo, que no distingo el bien del mal, que me siento impune?». O «¿Explicaciones, de qué, como si mi hijo no lo supiera absolutamente todo, como si no hubiéramos compartido casa toda la vida, como si no le hubiese enseñado yo cómo hacer las cosas?».

El regreso de Juan Carlos fue un *show* que no gustó en la Zarzuela. Viajó en un jet privado pagado por los árabes, los mismos que habían engordado su fortuna oculta. Y encima se convirtió en una atracción mediática que provocó que durante semanas se hablara otra vez de todo. De su vuelta, por supuesto, pero también de por qué se fue. La monarquía renovada no era la misma monarquía renovada si regresaba Juan Carlos aclamado como rey, o si lo hacía vituperado por ladrón, como clamaban en las manifestaciones de Sanxenxo. Si la monarquía son formas, ejemplaridad, incluso parecer más que ser, con su regreso todas esas cualidades se devaluaban.

Desde la Zarzuela, con el apoyo del Gobierno, se dio una orden: no más regresos escandalosos. Aún no. Juan Carlos no podía convertirse en el protagonista del debate político ni debilitar más a Felipe. Le ordenaron que no volviera por un tiempo, y Juan Carlos, a su vez, les transmitió a sus amigos otra orden, según revelaron ellos mismos: no hablar una sola palabra sobre él. Ni aunque fuera para elogiarlo. A aquellas alturas, todo resultaba incómodo con Juan Carlos.

Sin embargo, la realidad, los hechos, dicen otra cosa: Juan Carlos tenía derecho a regresar a España. Se fue porque quiso y podía volver cuando quisiera. Pero su abrupta salida provocó interpretaciones abruptas. Si uno se marcha voluntariamente a un lugar puede regresar voluntariamente. Pero si uno se exilia, el regreso ya comporta un viaje más largo. Ya no es una cuestión meramente geográfica. O si a uno lo echan, como se contó en su momento —de nuevo el problema de la doble lectura que suscita lo simbólico—, debe esperar a que le permita volver quien lo echó. Si vuelve cuando quiere, demuestra que no fue expulsado, como en un principio se decía, o que no respeta la orden ni a la persona que la dio. Si había huido, como también apuntaron los más críticos, a Abu Dhabi porque allí no había tratado de extradición con España, el regreso sería el de un fugitivo. Cualquiera de las opciones, no importa cuál se escoja, ahora no se trata de los hechos, sino de cómo se interpreten, resultaba problemática. Y continuará siéndolo hasta que el viejo rey muera.

Cuando escribo este texto ya tiene ochenta y cinco años y aún vive en Abu Dhabi. Ya ni siquiera es un residente en España. Ha establecido su residencia allí. Ya no paga impuestos en España. Aunque parece gozar de buena salud, como demuestra saliendo a navegar, se encuentra en el desenlace de su vida. Pudiera suceder que cuando se publique este libro ya haya fallecido. Es una opción posible, aunque parezca poco probable por el momento. Morir en el exilio, si queremos llamarlo así, o desterrado por su hijo, o en esa extraña residencia tan lejana a la que quiso marcharse, lo complicaría todo. Si ese primer regreso de tres días se convirtió en una polémica —también de naturaleza política: en esta historia ya hemos visto de qué forma tan dispar reaccionan los partidos políticos ante los mismos hechos—, esta sería aún mayor tras su muerte. Primero, por la repatriación del cuerpo a España. Y después por el funeral de Estado. Por los honores que corresponden a un rey. Honras para un hombre que escondió una fortuna en paraísos fiscales mientras reclamaba ejemplaridad en sus mensajes de Navidad. Pero honras, también, para un rey considerado el artífice de la Transición. El símbolo recuperado tras su colapso y la muerte del hombre. Cada bando reaccionará al margen de los hechos. Como en Sanxenxo. Si los honores son ostentosos, habrá críticas. Si son exiguos, también. Críticas, en definitiva, a la Casa Real, a la corona de Felipe y Leonor.

Esta historia aún continúa mientras estoy escribiendo estas páginas. Este no es el libro de un historiador. Tampoco un manual de instituto en el que se resumen las vidas de los protagonistas en dos párrafos. ¿Cómo contarán la de Juan Carlos esos libros en el futuro? ¿Qué dirán de él? Quizá sólo sea el símbolo, el rey que escogió la democracia y contribuyó a modernizar un país. El de la infancia trágica, criado por un dictador enemigo al que sucedió en calidad de rey, traicionando a su propio padre para restituir la monarquía en España. Matar al padre para salvar la corona. Como su hijo Felipe hizo después. Simbólicamente. Con gestos. Probablemente eso no lo contarán los libros.

En los pocos párrafos que se destinarán a resumir la historia reciente de la corona española, no caben tantos protagonistas ni tantos hechos. ¿Y los demás? ¿Aparecerá Corinna, como sí lo han hecho otras amantes de reyes a lo largo de la historia? Ahí están, en los libros, mujeres que ejercieron una influencia notable en la corte, como María Bolena, amante de Enrique VIII; como Katharina Schratt, la concubina de Francisco José de Austria con el beneplácito de su esposa, la emperatriz Sissi; o como

Jeanne-Antoinette Poisson, madame Pompadour, la gran confidente de Luis XV de Francia. Eran otras cortes, por supuesto, tiempos de reyes absolutos. Influir en ellos era hacerlo en la nación. A madame Pompadour le pidieron incluso que interfiriera ante el rey para que se firmaran alianzas internacionales.

¿O será la malvada de la historia? Una amante despechada que, una vez rota la relación, quiso resarcirse económicamente. O una lady Macbeth ambiciosa que soñó con la corona y que cuando asumió que nunca la conseguiría quiso destruirla para que nadie más la llevara. ¿Se mencionará su historia de amor con Juan Carlos, y cómo el amor se transformó en odio, desencadenando una guerra entre ambos que amenazó también al rey Felipe y al futuro de Leonor? ¿Hablarán siquiera de ella, o desaparecerá en el olvido porque sólo fue un personaje de reparto en la película, y estos nunca aparecen en las sinopsis? ¿O dirán simplemente que fue una amante, así, sin nombre ni apellidos, quien hizo perder la cabeza a un rey, ya en su vejez, que había dejado de ser rey y sólo era hombre, y lo indujo a cometer una serie de errores que llegaron a amenazar el trono? ¿O se hablará simplemente de la vejez de un monarca que ocultó la fortuna con la que siempre soñó? ¿Leerán los adolescentes del futuro, cuando estudien Historia de España, algo sobre todo lo que sucedió, o se aprenderán las fechas, desde la llegada de Juan Carlos al trono hasta su abdicación, ni siquiera la de su muerte porque un rey muere para la historia cuando abandona el trono, pero no estudiarán los motivos que provocaron la abdicación y un exilio posterior que ningún guionista habría sido capaz de concebir más impactante?

La historia de Juan Carlos como rey tiene todos los ingredientes para ser, en pleno siglo XXI, una gran historia clásica de reyes antiguos. ¿Sabrán los españoles, dentro de cien años, que el rey Juan Carlos I de los retratos oficiales de los libros era también el hombre fotografiado por su amante confesándole su amor paleta en mano? ¿Sabrán que aquel amor puso en peligro la corona de su familia? ¿O sabrán —cualquier giro aún sigue siendo posible en esta historia— que aquel amor marcó el comienzo de una crisis de la monarquía en España que condujo a su desaparición?

9

Súbditos del yo

En los últimos veinte años de decadencia y hundimiento final del Imperio romano de Occidente hubo diez emperadores. Algunos, como Petronio Máximo, duraron dos meses antes de ser asesinados por su propio pueblo. Otros, como Procopio Antemio, resistieron más de cinco años en el cargo, todo un récord en aquellas últimas décadas de caída final en el abismo, antes de ser ejecutados por su sucesor. Los que tuvieron suerte fallecieron por causas naturales. De no ser así, probablemente habrían muerto acuchillados o envenenados. Durante su último siglo de historia, aquella Roma, que se había extendido por toda Europa, el norte de África y hasta Mesopotamia, y que hoy en día sigue considerándose uno de los grandes imperios de la historia, contó con hasta una treintena de emperadores y regentes distintos. Roma se desintegraba geográfica, política y moralmente. Los bárbaros de fuera, así los llamaban ellos, a los que hasta entonces habían contenido o convertido, y los bárbaros de dentro, ellos mismos, peleaban por el último poder. La gran Roma se vino abajo. Rómulo Augústulo fue el último emperador. Odoacro, jefe de los hérulos germánicos, lo derrotó en el 476. Aquel año el Imperio romano de Occidente se extinguió. Su último emperador se llamaba, curiosamente, como el primero, Rómulo, fundador de la ciudad, que no fue emperador, sino rey y que mató, según la célebre historia —o leyenda—, a su hermano Remo. Dos reyes para un reino siempre han sido demasiados. Al último Rómulo no lo mataron. El líder de los bárbaros —a veces los bárbaros no lo son tanto, todo depende de quién lo cuente— le perdonó la vida. Le parecía demasiado joven para morir. Lo enviaron al exilio. Pero en Roma, desde su primer rey hasta sus últimos emperadores tuvieron claro que la forma más efectiva de alcanzar el poder era asesinar al líder. Hoy ya no se asesina a los viejos emperadores. Su sangre no encharca los suelos de los palacios. El castigo es probablemente más cruel: se los olvida.

En menos de diez años Juan Carlos se fue a cazar un elefante, lo cual no es un crimen, sino un pecado, se cayó, trascendió el nombre de su amante, que era más que una amante, abdicó, su hijo fue coronado, fue investigado, fue castigado y al final se marchó, solo y viejo, desterrado del país al que llegó desamparado, solo y niño. Allí, lejos, en Oriente, como en el Oriente de las historias antiguas, vive —al menos lo hacía mientras yo escribía estas páginas—, o vivió. No importa si esa realidad ha cambiado. Allí, en

Abu Dhabi, solo, está viviendo —al final todo se reduce a una cuestión de distancias, desde la física a la psicológica— como si ya hubiera muerto. Para los españoles probablemente sea lo mismo. En cambio, para la Zarzuela la diferencia reside en que Juan Carlos vivo sigue siendo la mayor amenaza para la corona. Ya se pasó su página del libro de Historia. Ahora reina Felipe, todo ha cambiado, pero todo sigue igual, y Juan Carlos, que fue rey cuarenta años, parece ya olvidado. Más cruel para él todavía: no sólo olvidado, sino que, salvo que interese por motivos políticos, para defenderlo o atacarlo, ni siquiera se lo quiere recordar.

A Juan Carlos lo castigó su hijo, y al hacerlo lo condenó, cosa que al final no hizo la justicia, en un momento en que el país estaba noqueado por el decreto del estado de alarma. El recuento de muertos por el coronavirus se disparaba y la incertidumbre y el temor se propagaban por el país como una colada de lava que pronto lo cubrió todo. Aquella coyuntura benefició a la Casa Real. En medio de semejante caos, la decisión radical y extraordinaria del rey Felipe no pasó desapercibida, pero tuvo un impacto y unas consecuencias más leves que si se hubiera tomado en otro momento. Con todo el mundo encerrado en sus casas y el virus descontrolado, se pensaba sobre todo en la vida y en la muerte, en el día a día, en llenar las neveras y protegerse, en llorar a los que habían muerto o sufrir por los que estaban sufriendo.

No había hueco para pensar en el rey ni en lo que

había hecho, o en lo que el castigo de su hijo confirmaba públicamente que había hecho. Lo mismo sucedería al cabo de unos meses, cuando, sólo unas semanas después de que el Tribunal Supremo anunciase que abría su investigación —y los tiempos vuelven a ser claves en el desarrollo de los hechos—, el rey emérito decidió marcharse del país. Aquel verano tampoco había margen más allá de la sorpresa. Juan Carlos se iba y, tal como confirmaron algunas encuestas más adelante, la gente no entendía por qué lo hacía y no le parecía bien que lo hubiera hecho. Finalmente se instaló tan lejos que la mayoría ni siquiera sabía situar en el mapa el país donde se encontraba.

Algo parecido sucedió con todo el escándalo real, desde la caída en Botsuana y el lío expuesto de Corinna, el caso Nóos y la gran revelación posterior de la fortuna y los negocios ocultos. La caída de Juan Carlos se produjo tras años de escándalos por corrupción en España.

Los políticos españoles emplean coletillas recurrentes. Cuando se les pregunta por sus aspiraciones, por ejemplo, todos suelen ocultarlas. Parecen las únicas personas del mundo que carecen de ellas. Si uno tiene como objetivo alcanzar un cargo más alto, pero mientras tanto está desempeñando otro, en cuanto le preguntan por ello suele decir que cuando llegue a ese río ya cruzará ese puente. Durante años, muchos han empleado frases hechas similares para referirse a Juan Carlos.

El rey era, según lo definían, reivindicando y ensalzando su papel, la clave de bóveda que sostenía todo el edificio, que vendría a ser la metáfora de España, o el clavo que sujeta las varillas del abanico, como también repitieron durante años. Siguiendo el símil arquitectónico, el escándalo de Juan Carlos, por el momento en que sucedió, probablemente vino a ser la confirmación final de que el edificio español estaba podrido desde los cimientos hasta la cúpula.

A mediados de los años noventa los casos de corrupción que Juan Carlos criticaba en su discurso de Navidad, reclamando acciones inexcusables de ejemplaridad, debilitaron tanto al Partido Socialista que perdió las elecciones. Dos décadas después, España estaba literalmente saturada de escándalos protagonizados por políticos corruptos. Redes clientelares, gestores malversando dinero público, contratos amañados y cohechos, sobresueldos en sobres con dinero en metálico, financiación ilegal de partidos... Al mismo tiempo el país fue encadenando crisis económicas y, finalmente, la pandemia, con su repercusión en el mercado laboral. Se acumularon centenares de casos de corrupción, desde las administraciones locales hasta los gobiernos autonómicos, e incluso hubo ministros y exministros imputados. Desde Andalucía a Cataluña. Allí, en Cataluña, cayó, en un desmoronamiento similar al de Juan Carlos, Jordi Pujol, expresidente de la Generalitat, un tótem del catalanismo, también por poseer una fortuna oculta en un paraíso fiscal. Como Juan Carlos, fue otro referente que se derrumbó cuando la corrupción ya se hizo tan habitual en el país que ni siquiera provocaba reacciones. Eso, sin duda, los benefició.

Frente a la oleada de investigaciones judiciales y periodísticas, los españoles se fueron saturando. Todo parecía podrido. O todo se veía podrido. Con ese filtro el resultado es que la corrupción, como se demostró, podía tener un coste judicial pero no político. No había castigo en las urnas. Muchos políticos, que delinquieron porque se sintieron impunes durante años, confirmaron su impunidad cuando fueron ampliamente votados pese a las sospechas, o, incluso, a las investigaciones abiertas. Durante años caló una idea: todos roban, todos son iguales. No era cierto. Pero gracias a ese mantra desapareció la corrupción. Literalmente. Los votantes dejaron de leer noticias sobre los escándalos que afectaban a sus partidos, y cada cual siguió a lo suyo. La polarización, el voto emocional, la marginación de los hechos o su desconocimiento, tal como sucedió con las investigaciones abiertas a Juan Carlos en Suiza, contribuyeron a ello. Pero eso no significa que todo vaya bien, por supuesto. El hecho de que la corrupción no provocara reacciones de protesta, que dejase de escandalizar, y la certeza, año tras año, del limitado coste político que suponía, no impiden que en España preocupe, como ponen invariablemente de manifiesto los sondeos. Asimismo también preocupa, tal como aparece reflejado de forma recurrente en las encuestas, el comportamiento de la clase política en general.

La consecuencia del cóctel de crisis encadenadas, saturación de escándalos y desconfianza política e institucional es una enfermedad que se llama desafección. El hastío provoca un distanciamiento de la política. La desazón causa desconfianza en el sistema. No es algo que suceda sólo en España. El fenómeno también se vive en otras partes del mundo. En Europa, sobre todo, afecta a aquellos países, como España, que desde 2008 son más golpeados por las crisis económicas y la incertidumbre. En España, Grecia o Italia, por ejemplo, más de la mitad de los ciudadanos se confiesa insatisfecho con el funcionamiento de la democracia.

La desafección tiene, a su vez, sus propias consecuencias. A medio y a largo plazo, ese distanciamiento, ese pensar, para mal, que todos son igual, y que nadie soluciona los problemas, aumenta la abstención y alimenta la creencia en soluciones, o en formaciones políticas, milagrosas. Los milagros no existen. Pero ahí está el auge de las propuestas más radicales y populistas. A corto plazo provoca una ausencia de crítica y debate. Dejan de importar los hechos, o ni siquiera se conocen, y las emociones guían las decisiones. Es la época de la posverdad. Los datos objetivos valen menos que el sentimiento que despiertan. Ya no hay verdades contrastadas, o se decide soslayarlas directamente. Somos insensibles o estamos saturados. No importa cómo se justifique. Pero sí el resultado. La ausencia de realidad o su menosprecio acarrea consecuencias negativas. En el caso de Juan Carlos, su caída, así como los acontecimientos recientes vividos por la corona española, no propiciaron un debate sobre la monarquía o el modelo de Estado. En eso, cuando menos, tuvo suerte el rey Felipe.

Sin embargo, muchas situaciones suelen tener dos caras. Algo que puede ser bueno en un momento dado, puede implicar riesgos a largo plazo. Sucede con esta. Juan Carlos fue elegido sucesor por Franco y coronado rey por un país que desconfiaba de él. Como símbolo funcionó, porque se quiso creer en él, o, si no se acabó de creer en él, al menos fue aceptado, que era otra forma de creer. Menos entusiasta pero igual de efectiva. Era alguien, o algo, que unía las dos Españas que convivían —o malvivían—, gozaba de reconocimiento fuera de España y aportaba estabilidad dentro del clima de incertidumbre que reinaba por aquel entonces. Probablemente se trataba de una cuestión de fe. De creer en ello. O de no atacarlo. Los reyes, se supone, lo son por mandato divino. De ahí les viene su legitimidad histórica, aunque son los pueblos quienes les confieren su legalidad. En esa cuestión de la fe, creer en el rey frente a creer en su destino divino, al menos, había coherencia histórica.

A partir de entonces, unos decidieron y otros aceptaron que era mejor no tocar la monarquía para no desestabilizar. Se comportara como se comportase el monarca. Hacerlo implicaba enmendar la Constitución, y eso, desde que se aprobó en 1978, como dicen los políticos con otra de sus frases recurrentes, no toca. Nunca ha tocado. Nunca es el momento. Como las parejas que no encuentran la ocasión para hablar hasta que un día es demasiado tarde y sólo queda ya certificar el final y separarse.

Juan Carlos era un símbolo. Se derrumbó o se autodestruyó, como los mensajes de los espías de los dibujos animados y las películas. Dejó de serlo y fue sustituido por otro. Felipe, como su padre, también une. Pero, sobre todo, en la indiferencia. Es la otra cara de la época en la que accedió al trono. Los escándalos de su padre, reconocidos por su hijo con su castigo público, fueron la gota final de los años de lluvia de casos de corrupción. Indiferencia. Quizá, ni siquiera eso, porque también habrá quien, saturado de tanta corrupción, salve a Juan Carlos. Él, podría decirse incluso, al contrario que los políticos, ni se llevó ni malversó dinero público. Su fortuna, si nos quedamos sólo con lo que se ha podido demostrar en las investigaciones y descartamos las sospechas, provenía del extranjero. En cualquier caso, no deja de ser uno más. El que faltaba. Todos son iguales...

Pero la equiparación de Juan Carlos con los políticos corruptos, que pudo salvar a la corona de una reacción más virulenta, seguramente también es lo peor que puede pasarle. Ser como todos, ser comparado con un concejal de pueblo que metió la mano en los presupuestos, resulta letal para un rey. Lo hace endeble y vulnerable. Lo convierte, como al concejal, en prescindible. Y eso se traduce en el olvido con el que se castiga a Juan Carlos y en la incertidumbre con la que reina Felipe. La desafección se transmite por todo el edificio. Hasta la clave de bóveda, como repetían los políticos. El rey es uno más. No provoca estupor la caída de Juan Carlos, ni se debate sobre la monarquía, quizá por el más peligroso de los motivos: porque no importa. Pero si no se siente como algo importante, el simbolismo desaparece, y entonces un rey, como Juan Carlos o Felipe, sólo es un hombre.

Mientras tanto, todo sigue adelante impulsado por la inercia del momento y con una sensación de normalidad confusa. Tiempos extraños aquellos en los que un rey no hace ruido al caer. Así, resulta normal, o no lo hace, pero no se comenta, y por lo tanto termina normalizándose, tener a un rey, Juan Carlos, viviendo en un exilio autoimpuesto tras abandonar súbitamente el país en el que había reinado y cuyos súbditos incluso lo consideraban un héroe. Un campeón de la democracia, como lo llamó el presidente Ronald Reagan en Washington tras el golpe de Estado. Se ve normal —o no se debate, o se le protege como se protegió al padre para que no se debata—, tener un rey, Felipe, hijo de un rey corrupto o defraudador, reconocida su culpabilidad por ellos mismos. Se considera normal ensalzar al rey y a su monarquía renovada, sin tan siquiera preguntarse hasta qué punto fue cómplice o partícipe, porque es obvio que fue testigo durante décadas, de las operaciones que Juan Carlos urdió para amasar su fortuna secreta. Se acepta como algo normal, o no se cuestiona, que haya partidos políticos que omiten la realidad —los hechos tal cual sucedieron— para convertir la monarquía en campaña, sea cual sea la conducta de los monarcas, y en motivo de enfrentamiento político.

Son tiempos de normalidades extrañas, o de una extraña normalidad, fruto de la polarización, del hartazgo y la desafección, aunque, ciertamente, no son exclusivos de la política, ni mucho menos de la corona. Como tantas y tantas cosas que aceptamos como normales a diario, aunque no lo sean.

Todos los días, en España, cada ciudadano consume una media de tres horas y media de televisión y casi cinco de teléfono móvil. Los datos no difieren demasiado de otras partes del mundo. De estas cinco horas, dos se dedican a las redes sociales. Una inmensa cantidad de personas se informa a través de aplicaciones como WhatsApp, Instagram y Twitter, o Tik Tok para los más jóvenes, por citar las más usadas. Aunque eso no significa que lo hagan realmente. Sólo que reciben las noticias que conocen a través de esas redes. En España tan sólo cuatro de cada diez personas confían en las noticias y sólo para la mitad de la población el periodismo, también alcanzado por la ola de hartazgo, es relevante para la democracia. Más de un tercio, un dato impactante y que crece cada año, evita conscientemente, es decir, por propia elección, informarse. Los hechos han perdido la importancia que tenían. Incluso dejan de existir. Forma parte de la extraña normalidad que vivimos.

Sin embargo, en cuanto nos despertamos, contamos a través de esas redes lo que pensamos sobre esto y aquello.

Y a lo largo del día seguiremos dando nuestra opinión acerca de cualquier cosa que suceda en nuestro mundo real, en nuestra rutina, o que acontezca en el mundo virtual, de lo que acapare el tema del día o la polémica del momento. El mundo necesita saber qué opinamos sobre todos los temas, desde la política hasta las nuevas series de televisión. Y nosotros necesitamos contarle al mundo lo que pensamos y lo que hacemos. Yo, yo, yo...

Al final de la jornada, y aún más durante los fines de semana, colgaremos fotos en Instagram de los sitios donde hemos estado o de lo que hemos comido, y si no nos hemos movido de casa, fotos nuestras ante el espejo, porque el mundo también necesita ver cómo vamos vestidos y cuáles son nuestros gustos. Yo, yo, yo... Nos haremos fotos comprando ropa que no necesitamos y los convertiremos en stories en cuanto salgamos de la tienda, mientras un indigente nos pide una moneda y lo miramos sin verlo o con fastidio porque altera nuestra normalidad.

Cada vez que veamos algo, sobre todo en la televisión, o lo leamos —ojalá leyésemos—, inmediatamente redactaremos una crítica corta en Twitter, o quizá una más elaborada, según las ganas y nuestras aptitudes para escribir, en otra red, porque el mundo también necesita saber lo que nos ha parecido. Yo, yo, yo... Y a continuación esperaremos ansiosos la reacción del mundo, porque el mundo nos necesita, pero nosotros también necesitamos al mundo.

Aguardaremos los likes y los comentarios o las respuestas en los grupos de WhatsApp como gestos de aprobación y aplauso, pero nos quedaremos insatisfechos, porque siempre resulta insatisfactorio, porque para alimentar el yo, yo, yo casi nunca hay suficientes likes. Siempre puede haber más me gustas, más seguidores o mejores elogios. Cuando eso sucede, siempre nos queda el recurso de animarnos a nosotros mismos publicando una foto nuestra entre girasoles, o una imagen de un atardecer en el mar, y alguna frase motivadora como «todo pasa por algo» o «no esperes, nunca será el momento adecuado» o «quiérete, porque nadie te querrá como tú mismo». Hay miles disponibles en Internet. Yo, yo, yo... O, si eso no funciona, siempre podremos hacernos un cursillo de *mindfulness*, o descargarnos alguna aplicación que nos guíe en la meditación —nos encanta que una máquina nos diga qué tenemos que hacer como humanos—, o leer libros de autoayuda, que ahora resultan ser de autoconocimiento. O todo, podemos hacerlo todo. Porque todo eso nos hará más conscientes de nosotros mismos, y eso es exactamente lo que necesitamos: ser aún más conscientes de nosotros mismos. Yo, yo, yo...

El significado de las palabras, al igual que los hechos, importa. Dice el diccionario que un súbdito es alguien sujeto a la autoridad de un superior con obligación de obedecerle. A lo largo de la historia, los reyes, para serlo, dispusieron de una serie de complementos: la corona, el cetro, el trono, la espada... Pero sobre todo fueron reyes porque tenían súbditos. Personas sujetas a su autoridad. Ni siquiera necesitaban un país. Un rey puede existir sin reino, pero jamás lo hará sin súbditos. Hoy en día la autoridad a la que obedecemos no es la de los reyes, sino la del yo, la del consumo para alimentar el yo. El impacto de las redes sociales y la autorrepresentación que exhibimos en estas, sumado a la desafección y a la desconfianza en el sistema, nos dejan solos, acentúan el individualismo, fomentan nuestro narcisismo. Pero, si estamos empeñados en contar lo que opinamos, lo que comemos, adónde vamos o qué hacemos, si todo es yo, ¿dónde queda el espacio para escuchar lo que piensan los otros? En ese yo se pierde el colectivo, se desdibuja la sociedad y desaparece la solidaridad. No importa tener un Gobierno inepto porque yo sigo adelante y, salvo que me afecte directamente, tengo la percepción de que no me afecta. La corrupción no escandaliza porque todos son iguales y yo no puedo hacer nada. Para qué intentarlo. Un rey defraudador, una familia cómplice y otro rey sospechoso no me alteran. Es un debate a largo plazo. No existen los largos plazos en medio de tanta incertidumbre, y además está demasiado alejado del yo.

Si no nos preocupamos realmente por el planeta, que es hacerlo por nosotros mismos, por salvar la vida en la Tierra, por salvarnos como especie, ¿cómo vamos a preocuparnos por lo que nos afecte una jefatura de Estado que era simbólica cuando el símbolo, encima, se derrumbó Como para meternos en esos asuntos... No tenemos tiempo.

Bastante ocupados estamos ya compartiendo nuestro yo en las redes o en los chats telefónicos, y observando los yoes de los demás para compararlos con el nuestro, como para debatir, para unirnos, para reaccionar frente a algo. Quizá ni siquiera sea una cuestión de ego. Lo hacemos para sentirnos menos solos. Puede que para recordarle al mundo que existimos, porque nosotros mismos dudamos de que sea así. Pero con tanto yo no hay hueco para la cólera ni el cambio. Son emociones y reacciones propias del colectivo. Demasiado ruido, demasiada información que no lo es. Demasiado aturdimiento. Demasiada poca capacidad de atención y de crítica. Demasiados estímulos. En el mundo digital los cabreos, la ira, duran lo que tarda en llegar el siguiente asunto sobre el que opinar y criticar. Pero no existe un caldo de cultivo para una ira capaz de provocar cambios. Sin embargo, estamos más enfadados con nosotros mismos que nunca, cada día nos soportamos menos, no nos queremos. También ahí, en la angustia y la rabia, impera el yo.

Hay generaciones que se sienten cansadas por edad, por desafección o desilusión, porque los años acrecientan el conservadurismo y archivan los ideales. Y otras, las posteriores, demasiado cansadas para indignarse, para gritar basta o para exigir cambios. Demasiado mundo. Demasiadas crisis ya. Demasiada incertidumbre. Todo es volátil. Desde los trabajos hasta las relaciones sentimentales. Ya hay bastante con sobrevivir. Como para resistirse. Si todo se precariza, resulta hasta lógico que también lo haga la monarquía.

Pero al mismo tiempo estamos demasiados solos. Pese al exceso de yo, precisamos de una identidad, pertenecer a un grupo. Sentirnos menos solos. En un mundo globalizado, como el actual, resulta más complicado. De ahí que vivamos encerrados en burbujas. Pequeños grupos con los que intercambiamos likes, reales o virtuales. Pertenecemos a esas pequeñas burbujas que ven y leen las mismas cosas y que opinan como nosotros. Las burbujas tienen paredes contra las que rebota el sonido. Son cámaras de eco, y por eso gustan. Nos devuelven, con otra voz, nuestro pensamiento. Nos reafirman. Son espejos para el yo. En ellas nuestra identidad no sólo se confirma por simetría. También por oposición. Se forma confrontando nuestra burbuja con otras. Así se entienden la polarización extrema y determinadas reacciones políticas; que importen más las emociones que los hechos, o que aquellas estén muy por encima de estos. Con un enemigo común se refuerza el grupo, aunque no exista tal enemigo. El rey sí o el rey no, inocente o culpable, sin tierra media, sin análisis de los hechos o, incluso, sin conocerlos. Gracias a las burbujas pertenecemos a algo y reforzamos nuestro yo. Somos súbditos sin reyes. Súbditos del like y del yo. El debate, sin embargo, exige un «nosotros». Todo cambio frente al abuso y el hartazgo, toda revolución, también.

Letizia sirve la cena a las niñas. Tiene que esquivar la cámara que la sigue mientras coge el cucharón de la sopera de porcelana y vierte la sopa en los platos. Después se sienta frente a su marido, con una hija a cada lado. Los reyes respiran aliviados mientras cenan. Saben que no hay revolución, que el pueblo no se encamina hacia allí dispuesto a derribar las puertas del palacio y a exigir su cabeza. La gente está en sus casas, ganándose la vida o pegada a sus teléfonos móviles, repartiendo likes, esperándolos ansiosa o protestando en Twitter. Eso, los españoles que lo hacen. Ni siquiera son mayoría. Twitter es una burbuja formada por pequeñas burbujas. A la mayoría ni siquiera les importa Twitter. O ni saben que existe. Comparten chistes en WhatsApp, memes o noticias, y ahí se quejan de los Borbones, en sus grupos, en sus burbujas, ante los suyos, que opinan lo mismo, o ensalzan a los reyes, que también los hay, o comentan el último estilismo de Letizia. O nada de esto sucede... La mayoría ni siquiera hace eso. Predomina la indiferencia hacia ellos.

No es una noche tranquila. Por eso Letizia está tensa y no puede ocultarlo. Inquieta cena la cabeza que lleva una corona... Mira a su hija Leonor, que aún no tiene teléfono móvil pero ya se lo reclama, y debe de preguntarse si algún día reinará. El pueblo tampoco se acerca a las puertas de palacio para llevar flores y aclamar al soberano. Los reyes saben perfectamente que por eso abdicó Juan Carlos. No había revolución, pero podría haberla. El fantasma del 15-M también se hereda. Para salvar la corona tenía que cederla. Son tiempos de eso que los marineros y los pescadores llaman calma chicha. No sopla el viento que desplace el barco. Felipe, que navega desde niño, lo conoce bien. Son momentos de quietud desesperante. Aunque brille el sol, en cualquier momento puede desatarse la tormenta. También los reyes, como el resto de los españoles, viven en la incertidumbre. Y la historia, que tiende a repetirse, no los tranquiliza.

Esta noche en la que han entrado las cámaras hasta su comedor, Sofía ya ha hecho los deberes de inglés, pero aún le faltan por terminar otros que, con esos nervios de la escena, no recuerda cuáles son. Felipe quizá suplique en silencio que, por favor, no sean los de geografía o que no le pida que la ayude con la tarea. Cada vez que contempla el mapa de Europa debe sentir un escalofrío. Durante el siglo XX cayeron la mitad de las monarquías europeas: Grecia, Rumanía, Italia, Albania, Bulgaria, Austria, Islandia, Finlandia, Portugal... El listado continúa hasta la Rusia de los zares. Hoy quedan una decena de casas reales en Europa. Además, el mundo se globaliza. Las identidades nacionales, las particularidades culturales, aunque se reivindiquen, se diluyen. Cada día las ciudades se parecen más. Son urbes descomunales que se extienden imparables. Todo se parece: la comida, la música que se escucha, las películas que se ven, los políticos a los que se critica...

Al mismo tiempo que seres sociales, o antes incluso, fuimos seres rituales. Lo llevamos dentro. Así fue como las religiones crearon adeptos o los samuráis sus mitos.

Pero el mundo de los ritos y las ceremonias está desapareciendo, absorbido por el mundo de las franquicias, las plataformas y el consumo rápido de vidas y días. No hay liturgia posible en las redes sociales. Cualquier liturgia exige tiempo. Requiere fe, y no tiene por qué ser religiosa. Hoy en día, los reyes y sus vástagos protagonizan escándalos en *prime time* o se autoexilian, pero no lucen corona ni armiño. Sin liturgia de reyes, los reyes son sólo hombres. Sin formas, una monarquía es una república antidemocrática. Ahí está la corona británica, el mejor ejemplo de ello en Europa. La Casa Real más envidiada por la realeza europea. Ejemplo de cohesión en el país. Indestructible. Sólo dos británicos de cada diez son detractores de la institución. Y ahí estaba Isabel, reina entre las reinas, siempre ejemplar y litúrgica para los suyos. Incluso a pesar de su familia. Los reyes eran reyes cuando no se sabía lo que sucedía en sus palacios. Cuando se dejaban ver como kumaris. Ceremonia y forma. La libertad de información, los *paparazzi*, las redes sociales o la sobreinformación amenazan la majestad.

Felipe alza su copa de vino blanco y bebe. Trata de hablar con sus hijas, para que lo graben las cámaras, pero un pensamiento recurrente le rondará por la cabeza. Una ecuación para la que no encuentra solución. Cómo ser símbolo en un mundo sin símbolos. Cómo repetir el espectáculo de magia de Juan Carlos ahora que se conoce el truco. Cómo darle a su corona el perfil alto que necesita, cuando lo mejor, mientras no escampe la tormenta, es mantenerlo bajo, prolongar la calma chicha, aunque desespere. Cómo controlar la indiferencia y la desafección, que permiten la supervivencia de la monarquía, para que no se conviertan en rechazo y deseo de cambio. Cómo saber si puede pasarse con ellos del yo al nosotros, y cuándo. Aunque Letizia no le sirva sopa ni Felipe le pregunte por sus deberes, Juan Carlos también está ahí, sentado a la mesa, con su elefante muerto atado a una pata. Lo está su incómoda sombra. Junto a Leonor, la futura reina.